Félix Lope de Vega y Carpio

La hermosa Ester

Barcelona **2024**
Linkgua-ediciones.com

Créditos

Título original: La hermosa Ester.

© 2024, Red ediciones S.L.

e-mail: info@red-ediciones.com

Diseño de cubierta: Michel Mallard.

ISBN rústica: 978-84-9816-192-2.
ISBN ebook: 978-84-9897-723-3.

Cualquier forma de reproducción, distribución, comunicación pública o transformación de esta obra solo puede ser realizada con la autorización de sus titulares, salvo excepción prevista por la ley. Diríjase a CEDRO (Centro Español de Derechos Reprográficos, www.cedro.org) si necesita fotocopiar, escanear o hacer copias digitales de algún fragmento de esta obra.

Sumario

Créditos _____ 4

Brevísima presentación _____ 7
   La vida _____ 7

Tragicomedia famosa _____ 8

Personajes _____ 10

Jornada primera _____ 11

Jornada segunda _____ 45

Jornada tercera _____ 85

Libros a la carta _____ 123

Brevísima presentación

La vida

Félix Lope de Vega y Carpio (Madrid, 1562-Madrid, 1635). España.
Nació en una familia modesta, estudió con los jesuitas y no terminó la universidad en Alcalá de Henares, parece que por asuntos amorosos. Tras su ruptura con Elena Osorio (Filis en sus poemas), su gran amor de juventud, Lope escribió libelos contra la familia de ésta. Por ello fue procesado y desterrado en 1588, año en que se casó con Isabel de Urbina (Belisa).
Pasó los dos primeros años en Valencia, y luego en Alba de Tormes, al servicio del duque de Alba. En 1594, tras fallecer su esposa y su hija, fue perdonado y volvió a Madrid. Allí tuvo una relación amorosa con una actriz, Micaela Luján (Camila Lucinda) con la que tuvo mucha descendencia, hecho que no impidió su segundo matrimonio, con Juana Guardo, del que nacieron dos hijos.
Entonces era uno de los autores más populares y aclamados de la Corte. En 1605 entró al servicio del duque de Sessa como secretario, aunque también actuó como intermediario amoroso de éste. La desgracia marcó sus últimos años: Marta de Nevares una de sus últimas amantes quedó ciega en 1625, perdió la razón y murió en 1632. También murió su hijo Lope Félix. La soledad, el sufrimiento, la enfermedad, o los problemas económicos no le impidieron escribir.

Tragicomedia famosa
Dirigida
A doña Andrea María de Castrillo, señora de Benaçura
La hermosura, entendimiento y virtud excelentísima de la hermosa, entendida y virtuosa Ester, de quien dicen las sagradas letras que era en extremo hermosa, de increíble belleza y graciosa y amable en los ojos de todos, ¡a quién se debía más justamente que a V. m., si de sus virtudes, hermosura y gracia se puede decir lo mismo! No me atreviera con rudo ingenio al milagroso de que ha dotado el cielo ese peregrino sujeto, si no fuera el de esta Historia sacado de tan sagrado archivo: no puede mi ignorancia deslustrarse. Las obligaciones al señor don Francisco Duarte, que pasó a mejor vida, siendo Presidente de la Contratación de esa ciudad insigne, y el amor que siempre tuve al señor don Martín Duarte Ceron, su hermano, digna prenda de tales méritos, bien pudieran por sí mismas obligarme, sin que se las añadiera lo que reconozco a la estimación que de mí hace el señor don Jerónimo de Villanueva; a quien si la antigüedad conociera, celebrara mejor por Apolo y Diana, por Sol y Luna, que a los dos hermanos hijos de Latona, por quien la dieron el honor en Licia, que escribe el dulce Ovidio en los Methamorphoseos de su libro sexto:

> Y por los bellos hijos más famosa,
> daban culto y loaban
> la gran deidad de la divina diosa.

Pero ingenuamente confieso que, más que todo me obliga saber la honra que doy a lo que de mi parte tiene esta trágica comedia, con el nombre de tan excelente señora, a la sombra de cuyas virtudes y gracias pudieran estar seguros los más célebres poemas. Días ha que falto de esa gran ciudad, donde pasé algunos de los primeros de mi vida en casa del inquisidor don Miguel del Carpio, de clara y santa memoria, mi tío: no he conocido a V. m. más que por la fama, no siendo lisonjero pintor, más verdadero cronista de su retrato Juan Antonio de Ibarra, secretario del excelentísimo señor duque de Alcalá, virrey de Barcelona, que no es mala disculpa de mi atrevimiento, pues el ofrecer cosas humildes a personas grandes, citando la distancia lo es, es

como mirar al Sol cuando se pone, que aunque se sabe su grandeza, no se teme su claridad.
Dios guarde a V. m. como desea.
Su siervo y capellán,
Lope de Vega Carpio.

Personajes

Adamata
Amán
Asuero, rey
Bagatán
Bassán
Caja de un vando
Dos músicos.
Egeo
Un Capitán
Ester
Guardas
Isaac
La reina Vastí
Mardoqueo
Marsanes
Música
Portero, bautista
Sela
Selvagio, labrador
Setar, soldado
Sirena, labradora
Tares
Tarses
Villanos
Zares, mujer de Amán

Jornada primera

(Bassán y Egeo.)

Bassán
    Solo el poderoso Asuero,
que admirando el mundo reina
en ciento y veinte provincias,
hiciera tanta grandeza:
desde la India a Etiopía,
de Medos, Partos y Persas
es absoluto señor.

Egeo
    ¿Qué anales, qué historias cuentan
desde que Dios formó a Adán
y a la hermosísima Eva,
hasta aquel diluvio insigne
con que castigó la tierra,
y desde que el gran Noé
tomó de la boca bella
de la paloma la oliva,
hasta la corona inmensa
de Nabucodonosor
en Babilonia soberbia,
que haya durado un convite
por más de ciento y ochenta
días, donde se ha mostrado
tan inaudita riqueza,
y que, cumplidos, se haga
siete días franca mesa
a toda aquesta ciudad,
donde, como ves, se asienta
desde el mayor al menor?

Bassán
    Por cierto que ha sido muestra

          de su magnánimo pecho.
          Mas ¿hay sitio donde quepan?

Egeo   En este bosque del Rey.
          se han puesto diversas tiendas,
          y sobre columnas blancas
          toldos de diversas telas
          que cuelgan por varias partes
          de cordones de oro y seda.
          Hay ricas bordadas cantas,
          y sobre la verde hierba
          tales alfombras, que hacen
          a las flores competencia.
          Hay vasos de oro y cristal,
          donde es rey de las cabezas
          el aromático vino
          que las mismas plantas riega.
          También en su gran palacio
          hace convite la Reina
          a todas las bellas damas
          y a las señoras de Persia;
          tan espléndido, que creo
          que hasta el fénix que se quema
          en los olores de Arabia,
          se ha puesto por excelencia,
          y que ya no habrá más fénix;
          porque si es verdad que engendra
          el muerto al vivo en sus llamas,
          ya no habrá quién le suceda;
          ya no vuelan por el aire
          las aves, o pocas vuelan;
          ya no hay peces en los ríos
          ni animales en las sierras,
          ni hay en los árboles frutos,

| | ni parece que le queda
| | por muchos años, Bassán,
| | a naturaleza fuerzas.
| | Está, admirada la India,
| | la mar parece que tiembla
| | de que han de arar sus entrañas
| | hasta sacar sus arenas.
| | Mas oye: que sale el Rey
| | de la comida postrera,
| | con sus príncipes y grandes.

Bassán   Él tiene amable presencia,

(Salen con música y acompañamiento el rey Asuero, Tares, Marsanes, Adamata y Setar.)

Músicos   ¡Viva el rey Asuero!
               ¡Viva el gran señor!
               Desde el Gange al Nilo
               cualquiera nación
               postrada se rinda
               a sus plantas hoy;
               háganle corona
               los rayos del Sol.

Todos   ¡Viva el rey Asuero!
               ¡Viva el gran señor!
               El ártico polo,
               como a Salomón,
               oro y plata ofrezca,
               la Pancaya olor,
               rubíes Ceilán,
               Fenicia color.

Todos	¡Viva el rey Asuero! ¡Viva el gran señor!

Asuero	Cesen los instrumentos,
	los bailes cesen, cuya dulce copia
	enamoró los vientos.
	Príncipes de la India y la Etiopía,
	hoy por último día
	quiero enseñaros la grandeza mía.
	   No en ricos vasos de oro,
	no en joyas de diamantes y rubíes,
	no en labrado tesoro,
	no en púrpuras rëales carmesíes,
	no en pinturas divinas,
	que todas desta imagen son cortinas;
	no puedo yo mostraros
	cosa en que mi poder más resplandezca,
	si pretendo admiraros,
	y adonde vuestra vista desfallezca,
	porque quien al Sol mira,
	o ciega en su hermosura, o se retira;
	   Vastí, mi mujer bella,
	Vastí, que así se llama, porque hasta
	para saber por ella,
	después de su virtud honesta y casta.
	que no dio el cielo al suelo
	mayores muestras del poder del cielo.
	   Veréis que soy dichoso,
	más por Vastí, que por las ciento y veinte
	provincias que glorioso
	me han hecho en cuantos reyes tiene Oriente:
	que no es el oro y plata
	lo que habla a un rey y con el alma trata.
	   Parte, Setar, al punto:

                    dile que se corone la cabeza
                    el divino trasunto
                    del Hacedor de la naturaleza,
                    y venga coronada
                    a mi presencia, de quien es amada;
                      di que mostrarla quiero
                    a mis vasallos por grandeza mía,
                    y que en mi trono espero,
                    porque este es del convite el postrer día.

Setar   Yo voy a obedecerte.

Tares   ¿Quién puede tanto bien agradecerte?

Asuero   Veréis, príncipes míos,
                    un rostro en quien el Sol cifra sus rayos,
                    que mis robustos bríos
                    convierte en tiernas ansias y desmayos;
                    veréis por excelencia
                    la grana y el marfil en competencia;
                      veréis por ojos bellos
                    dos esmeraldas, cuyo blanco esmalte
                    se está bañando en ellos;
                    y porque risa y alma no les falte,
                    dos niñas, dos amores,
                    con dos arcos del cielo sin colores;
                      veréis por dulce boca
                    el clavel de dos hojas, más hermoso
                    que el Sol por Mayo toca,
                    ni el aljófar del alba más precioso,
                    y por las dos hermosas
                    mejillas blancas, entre nieve rosas.
                      El cuerpo, no hay columna
                    de marfil ni alabastro; la garganta

sirve de blanca Luna
al Sol que en su cabeza le levanta
de las hebras que mira
con tanta envidia, que sin luz suspira.

(Entre Setar.)

Setar   A la Reina mi señora
dije tu mandato y gusto,
y responde que no es justo
que eso le mandes agora;
    que ella está allá con sus damas,
con debida honestidad,
y que a toda una ciudad
no has de enseñar lo que amas;
    finalmente, da a entender
que el convite te ha dejado
con poco seso.

Asuero   Ella ha dado
gran pesar a mi placer.
    Vuelve, Tares, vuelve, y di
que soy yo quien se lo manda.

Tares   Señor, si se enoja...

Asuero   Anda,
anda, y di que venga aquí.

Tares   Voy a decirle tu gusto.

Asuero   Si ella me tuviera amor,
cuando aquesto fuera error
no le pareciera injusto;

| | mas yo sé que es tan discreta
            como hermosa, y que vendrá. |
|---|---|
| Marsanes | Si con sus damas está,
            déjala gozar quieta
              su generoso convite;
            que ya a tus vasallos todos
            honraste de tantos modos,
            cuantos el amor permite. |
| Asuero | Aquí ha de venir, Marsanes:
            yo quiero que la veáis:
            vosotros mi imperio honráis,
            príncipes y capitanes.
              Si no os hago este favor,
            no me agradezcáis ninguno. |

(Entre Tares.)

| Tares | No pienso que hay medio alguno
           para tu intento, señor. |
|---|---|
| Asuero | ¿Cómo? |
| Tares | Tu ruego desprecia. |
| Asuero | Mi imperio, necio, dirás,
           mas por muy necio que estás,
           la Reina ha estado más necia.
             ¿Cómo que no? ¡vive el cielo! |
| Adamata | Señor, a tu majestad
           es esta gran libertad
           e injusto premio a tu celo, |

  y desta desobediencia
resultará el vituperio
de los grandes de tu imperio,
y de mayor preeminencia;
 que a su ejemplo, sus mujeres
inobedientes serán.

Marsanes Todos con vergüenza están
de ver que, siendo quien eres,
 no te obedezca Vastí.

Setar Este agravio, gran señor,
no solo por tu valor
se cometió contra ti;
 pero contra cuantos hoy
son príncipes de tu imperio.

Adamata ¿Y qué mayor vituperio
para un rey?

Asuero   ¡Corrido estoy!
Pero ¿qué me aconsejáis?

Tares Que la desprecies también.

Asuero ¿Podré, queriéndola bien?
¡Fuerte consejo me dais!

Marsanes   Escribe a tus reinos todos
el castigo y el agravio,
para que, en moviendo el labio,
por este o por otros modos
 para su gusto al marido
obedezca la mujer,

       que en el imperio ha de ser,
       como varón, preferido.
        Sujetó naturaleza
       su libertad al varón:
       si los dos un cuerpo son,
       él ha de ser la cabeza.
        Repudia luego a Vastí,
       porque puesto aqueste ejemplo
       de la memoria en el templo,
       la tenga el mundo de ti.

Asuero   Afuera amor; que no es justo
       que sujetéis la razón:
       fuertes los consejos son
       contra las leyes del gusto:
        pero si es bien que los reyes
       sean espejos del bien,
       bien es que en ellos se den
       los principios a las leyes.
        ¡Salga de palacio al punto
       la Reina: no quede en él!

Marsanes   Lo que es justo no es cruel.
       Más vale del reino junto
        el público bien, señor,
       que el gusto particular.

(Váyanse el Rey y Setar y Marsanes.)

Tares   El pacífico reinar
       es vencer el propio amor.

Adamata   Quien reina de sus pasiones,
       ese vive con razón.

Tares	Amor es una pasión que nunca llega a razones: vive de su voluntad en la libertad que quiere.
Adamata	Por eso quien le venciere tendrá mayor libertad.
Tares	En gran peligro se ve de vida y honor Vastí.
Adamata	Nunca la soberbia vi, que en menos peligro esté; la estatua arrogante ha sido de Nabucodonosor.

(La reina Vastí, Setar y Marsanes.)

Vastí	¡A mí con tanto rigor!

Setar	La culpa, Reina, has tenido.
	  ¡Sal del palacio al instante
	y del reino juntamente!
	¡Quita el laurel de la frente
	y la corona arrogante;
	  que esta sentencia pronuncia
	contra ti tu esposo el Rey,
	y todo derecho y ley
	que hable en tu amparo, renuncia!
	  ¡Justo libelo te ha dado!
	¡No tienes qué responder!

Vastí	Quien trata así su mujer,

necio consejo ha tomado;
  pero, qué pudo salir
del parto de tal convite,
sino que el reino me quite
o me condene a morir?
  Cuatro meses hace hoy
que el convite monstruoso
tuvo principio dichoso:
¡buen fin con mi fin le doy!
  ¡Qué menos monstruo esperaba
Persia de tanto calor;
que monstruo que vence a amor,
no hay tigre o fiera tan brava!
  ¡Gentil consejo ha juntado
para mi deshonra y fin
en la mesa de un jardín
de racimos coronado!
  Tal es el efecto dél,
como la causa y el dueño;
pero pasaráse el sueño
y el pensamiento cruel;
  que en despertando el amor
él me vengará de Asuero,
que con memorias espero
matarle a puro rigor.
  ¡Tomad allá la corona,
pues que la manda quitar,
que no quiero yo reinar
con quien su amor no perdona!
  ¡Puntas doradas, adiós;
que yo las liaré de acero
para el corazón de Asuero;
que no está el descanso en vos!
  Confieso vuestra grandeza;

          pero si sujeta está,
          con más valor quedará
          en libertad mi cabeza;
             que quien manda que me quite
          la corona del cabello,
          me la quitará del cuello
          para segundo convite.
             Todos sabéis de que nace
          este furioso rigor.

Setar   Oye.

Vastí   Apelo.

Marsanes   ¿A quién?

Vastí   A amor
          del agravio que me hace.

(Váyanse, y entren Mardoqueo y Ester.)

Ester   No siento tanto el duro cautiverio,
          amado tío, aunque sentirle es justo,
          ni el ver a nuestro pueblo en vituperio,
          pues fue a su Dios ingrato por su gusto,
          ni el ver que se dilate el grande imperio
          del blanco persa al de Etiopía adusto,
          del magno Emperador de ciento y veinte
          provincias, las mayores del Oriente:
          como el ver que me voy quedando sola
          entre enemigos de mi pueblo hebreo,
          que el mar de mi tristeza de ola en ola
          ni lleva al golfo en que morir me veo.
          ¡Tú, donde el oro puro se acrisola

de las virtudes que imitar deseo.
en tanto mal me sirves de coluna
al peso del rigor de mi fortuna!
　¡Murió mi padre y tu querido hermano!
¿Qué amparo puede haber que ya me cuadre,
en duro cautiverio del persiano,
si no es tenerte por mi asilo y padre?
Perdí mi bien para mi mal temprano
en los consejos santos de mi madre:
huérfana estoy; pero decir no puedo
que donde quedas tú, huérfana quedo.

Mardoqueo　　　Cuando Nabucodonosor, sobrina
hermosa Ester, en los infaustos días
que de Jerusalén, para su ruina
de Israel, tuvo el reino Jeconías,
nos trajo a Persia y Media, y la divina
justicia castigó las culpas mías
(que no quiero decir que las ajenas),
lloraron sus profetas estas penas.
　Tal vez castiga Dios por los mayores
la humilde plebe, aunque inocente viva;
que viene a resultar en los menores
lo que en el peso del gobierno estriba.
Los hebreos, un tiempo vencedores
en aquella dichosa y primitiva
edad de sus imperios, ya vencidos,
lloran en tierra ajena perseguidos.
　Cumplió Dios su palabra; que no puede
faltar eternamente su palabra:
no hay monte que a su voz inmoble quede.
ni mar que luego no se rompa y abra.
La dureza del hombre a todo excede.
pues voz de Dios, que en mar y en montes labra,

humanos corazones la resisten,
¡de tal dureza contra Dios se visten!
   Tierra de promisión, tierra bendita
gozaron cuantos el Jordán pasaron:
David engrandecella solicita;
algunos, aunque pocos, le imitaron;
mas luego que el ingrato a Dios le quita
la obediencia que tantos le juraron.
dio fuerzas a los reyes enemigos
y la cerviz del pueblo a sus castigos,
   Así pasamos cautiverio triste,
mas tú no llores tanto el desamparo
de los honrados padres que perdiste,
pues vivo yo, que tu virtud amparo.
Con hermosura y discreción naciste.
y con divino entendimiento claro,
vivir sola pudieras; pero el cielo
algo pretende de tu santo celo.

Ester

   Yo pienso, mi querido Mardoqueo,
que de mi soledad tendrás cuidado,
con que le pierdo en el rigor que veo
del mar en mis desdichas alterado.
Servir a Dios y obedecer deseo,
en este humilde y en cualquiera estado,
las santas leyes de su dedo escritas
sobre las tablas de Moisén benditas.
   Tú, pues, a quien ya toca justamente
mi amparo y guarda, mi remedio mira.

Mardoqueo   Yo te adopto por hija.

Ester   ¡El cielo aumente tu vida!

Mardoqueo	El mismo lo que ves, me inspira; que tú procederás como prudente con la hermosura que a la envidia admira.
Ester	En tus consejos fundo mi esperanza.
Mardoqueo	El que la pone en Dios, remedio alcanza.

(Váyanse, y entren Asuero y su gente y Amán.)

Asuero	Ninguno sabe si vive. ¿Qué decís, que pierdo el seso?
Adamata	A paciencia te apercibe, que de aquel su loco exceso justo castigo recibe.
Asuero	¿Pues dónde es ida Vastí?
Amán	Tú mandaste desterralla: esto me afirman a mí.
Setar	Ya sin ella no se halla.
Adamata	Harto, Setar, lo temí.
Asuero	¡Vastí de mi casa ausente, y sus ojos de mis ojos!
Adamata	Temo que buscarla intente.
Setar	Por los pasados enojos le quitaste de la frente la corona que tenía;

                    ¿ya se te olvida el desprecio?

Asuero   ¡Ay, hermosa prenda mía!
                 ¡Cómo es el castigo necio,
                 que ha de llorarse otro día!
                    ¿Es posible que mandé,
                 que te apartasen de mí?
                 ¿Es posible que intenté
                 vivir un hora sin ti?
                 No fue amor, agravio fue.
                    Maldiga el cielo mis labios:
                 si el amor no es para sabios,
                 ¿de qué se queja el honor?
                 Que no puede ser amor
                 el que no perdona agravios.
                    Hame de matar tu ausencia:
                 no podré vivir sin ti;
                 que el amor, como es violencia,
                 bien sé, querida Vastí,
                 que crece en la resistencia.
                    ¿Para qué quiero reinar?
                 ¿Qué es reinar si no hay contento?
                 Que mal puede descansar
                 un inquieto pensamiento,
                 ni en la tierra ni en la mar.
                    ¿Qué importa el vano tesoro,
                 la corona, el cetro, el oro,
                 sin contento, sin placer?
                 Ya no le puedo tener,
                 que eres el reino que adoro.
                    Arrojaré los diamantes,
                 los vasos, la plata y seda,
                 en los mares circunstantes,
                 y aun el seso, si me queda,

en tristezas semejantes.
 ¿Qué importaba que estuvieras
con tus damas ocupada
y a mi ruego no salieras?
No fuiste tú tan culpada,
que tanto mal merecieras;
 yo fui quien fin tan amargo
ha dado a tan dulce unión;
que siempre trae por cargo
breve determinación
arrepentimiento largo.
 Ven, Amán: vente conmigo:
contaréte mi dolor
y descansaré contigo;
que las tristezas de amor
descansan con el amigo.

Amán	No aumentes el descontento con los celos, pues podrán los tiempos mudar tu intento.
Asuero	En toda mi vida, Amán, Persia me ha de ver contento.

(Váyanse el Rey y Amán.)

Adamata	El Rey se parte de tristeza lleno.
Setar	¡Qué notable veneno amor le infunde!
Marsanes	Yo temo que redunde en daño nuestro.
Setar	Si en el consejo vuestro hallase el mío el lugar que confío, yo le diera

| | remedio al Rey que fuera de importancia
y que en breve distancia le curara. |
|---|---|
| Marsanes | Pues dile, y solo en su salud repara. |
| Setar | Amor de trato largo se convierte
en hábito, y el hábito y costumbre
se vuelve, cual sabéis, naturaleza;
ya es este amor del Rey costumbre y hábito,
memoria del deleite que tenía;
los ojos, hechos a Vastí, no tienen
alegría sin ver sus bellos ojos;
los oídos, en quien requiebros dulces
hacían una música apacible,
no escuchan sus palabras; y estad ciertos
que el hechizo mayor de los que aman,
al alma suele entrar por los oídos. |
| Marsanes | Eso es verdad, porque los ojos tienen
siempre un objeto, una hermosura misma,
y los oídos siempre diferente,
pues oyen siempre diferentes cosas;
y así lo que conserva largo tiempo
a amor, son los oídos, no los ojos,
porque ellos nunca miran cosa nueva
y ven lo que una vez toda la vida. |
| Setar | Pues discurrid así las demás partes
y sentidos del hombre, y veréis luego
que si esta falta de hábito y costumbre
ocupa otra hermosura y otro gusto,
saldrá el primero amor, saldrá por fuerza. |
| Adamata | ¿Dices que otra mujer hermosa y sabía |

	ocupará el lugar que está vacío?
Setar	¿Pues eso tiene duda? ¡Cuántos hombres, de cosas que han llorado se consuelan, y a veces quieren más que las pasadas!
Adamata	¿Y dónde habrá mujer que le contente? Que eso suele doblar el accidente. porque el gusto engañado en lo pasado suele ser malcontento y porfiado.
Setar	Buscar tantas mujeres, que entre tantas haya alguna hermosura tan valiente que mate la memoria de la ausente.
Marsanes	Bien dice: échese un bando que al momento cuantas mujeres tengan hermosura, siendo, cual deben, vírgenes, se traigan a palacio y se entreguen a las guardas que para aqueste caso nombraremos. La que entrare de noche, salga al alba, Y la que le agradare, o por dichosa o por bella, que reine.
Adamata	Justa cosa.
Marsanes	Gran médico serás, pues curar quieres amor de una mujer con mil mujeres.
(Vanse.)	
Ester	Alto y soberano Dios, que del rebelde gitano y de la robusta mano

 que quiso oponerse a vos,
  sacastes el pueblo vuestro
libre de tanto rigor,
mostrando poder y amor
al bien y remedio nuestro:
  vos, por quien iba seguro
por tanta mar desigual,
en canceles de cristal
que le sirvieron de muro:
  vos, que en áspero desierto
el blanco maná le distes,
con que la campaña hicistes
de nieve del cielo puerto;
  vos que le distes victorias,
donde para siempre están
en las piedras del Jordán
los libros de sus memorias,
  y vos que, para castigo
de sus idólatras pechos,
habéis postrado sus hechos
a los pies de su enemigo,
  y humillado a cautiverio
las cervices levantadas,
que con heroicas espadas
ganaron tan grande imperio,
  ¿cuándo os habéis de doler
de aquellos mismos que amastes,
pues a todos obligastes
a sufrir y a padecer?
  ¿Cuándo volverá, señor,
vuestro pueblo a libertad?
¿Cuándo a la santa ciudad,
a vuestra gloria y honor?
  ¿Cuándo a vuestro sacro templo

     y al alcázar de Sión,
     para dar desta prisión
     a la sucesión ejemplo?
       Doleos, señor, de mí,
     aunque la mínima soy
     del cautiverio en que estoy.

(Sale Mardoqueo.)

Mardoqueo	¡Sobrina!
Ester	¿Llámasme?
Mardoqueo	¡Sí! Notable suceso.
Ester	¡Ay Dios!
Mardoqueo	No te alteres; oye atenta. Ya sabes el gran convite, real y espléndida mesa que en esta ciudad de Susa, hoy la cabeza de Persia, ha hecho el gran rey Asuero,
Ester	Si sé, porque tienen della noticia los escondidos animales en las selvas, las aves en altos aires, los peces en las arenas.
Mardoqueo	Quiso Asuero que Vastí, su hermosa mujer, y Reina de la India y de Etiopía,

　　　　　　　　　saliese por más grandeza
　　　　　　　　　a donde la viesen todos;
　　　　　　　　　mas respondió con soberbia,
　　　　　　　　　desobedeciendo al Rey,
　　　　　　　　　por cuya desobediencia
　　　　　　　　　fue echada de su palacio;
　　　　　　　　　pero pasada la fiesta,
　　　　　　　　　el Rey, de amor encendido,
　　　　　　　　　está enfermo de su ausencia;
　　　　　　　　　los príncipes de su imperio,
　　　　　　　　　por medicina, aunque nueva,
　　　　　　　　　mandan en todos sus reinos
　　　　　　　　　buscar hermosas doncellas,
　　　　　　　　　para que la que le agrade
　　　　　　　　　reine en lugar de la Reina.
　　　　　　　　　Egeo, del Rey criado,
　　　　　　　　　te conoce, y tu belleza
　　　　　　　　　escrita tiene en la lista.

Ester　　　　　　¿Qué dices, tío?

Mardoqueo　　　　　　　　No temas;
　　　　　　　　　que Dios te dará favor,
　　　　　　　　　porque por tu medio sea
　　　　　　　　　su pueblo restituido
　　　　　　　　　a su primera grandeza;
　　　　　　　　　no repliques; que ya sabes
　　　　　　　　　que debes esta obediencia
　　　　　　　　　al cielo, porque sin duda
　　　　　　　　　por ti mi remedio ordena;
　　　　　　　　　fuera de que no es posible
　　　　　　　　　que te libres de su fuerza,
　　　　　　　　　es bien que al cielo y a mí,
　　　　　　　　　hermosa Ester, obedezcas.

Asuero es rey poderoso,
nosotros la gente hebrea
que Nabucodonosor
trujo cautiva a esta tierra.
Véate el Rey, habla al Rey,
pero quiero, Ester, que adviertas
que no has de decir tu patria,
aunque preguntada seas.
Calla tu pueblo y nación;
que Dios, de lágrimas tiernas
destos cautivos movido,
quiere romper sus cadenas.

Ester

¡Ay, Mardoqueo, qué cosas
tan peregrinas me cuentas,
tan nuevas a mis oídos
y a mi castidad tan nuevas
no te espantes si a la cara
salen colores apriesa,
ventanas en que al peligro
se asoma nuestra vergüenza.
Yo haré, tío, lo que mandas,
si dices que Dios lo ordena,
y ojalá que fuese yo,
aunque tan indigna sea,
por quien el pueblo cautivo
ya que del todo no vuelva
a la gran Jerusalén,
menos castigo padezca.

Mardoqueo

La gente suena, sobrina,
que conduce las doncellas;
ven, mudarás de vestido
si te dan lugar que puedas.

Ester   ¡Inmenso Dios, vuestra soy!
                  Vuestra grande omnipotencia
                  por instrumentos tan flacos
                  suele obrar cosas como estas.
                  Délbora rigió a Israel:
                  Dadme entendimiento y fuerzas
                  para saber agradaros,
                  pues que yo os doy la obediencia.

(Váyanse, y entren un capitán y dos alabarderos y una caja.)

Capitán   Aunque esta es pequeña aldea,
                  no dejéis de echar el bando,
                  porque en lo que voy buscando
                  la diferencia se vea;
                     y si por la variedad
                  es bella naturaleza,
                  también causará belleza
                  la mucha diversidad.
                     Calidad no me ha pedido:
                  hermosura pide el Rey:
                  ni excede la justa ley
                  haber cuidado tenido
                     de que en toda aquesta tierra
                  no quede hermosa mujer
                  de cualquier suerte, sin ser
                  fin de su amorosa guerra.

Caja   Que sea o no justa cosa,
                  lo que mandas obedezco.

Capitán   Di, pues, el bien que le ofrezco
                  a quien tiene prenda hermosa.

Caja   Manda el poderoso rey Asuero, señor
del Oriente, que cualquiera persona,
de cualquier estado y calidad
que sea, que tuviere doncella hermosa
en su casa, la manifieste y entregue
a los capitanes para este efecto
nombrados, que así conviene a su Real
servicio; mándase pregonar porque
venga a noticia de todos.

(Váyanse, y entren Sirena, labradora, y Selvagio, villano.)

Selvagio   Si me tuvieras amor,
a fe que tú te escondieras.

Sirena   Y si tú amor me tuvieras,
no usaras deste rigor.

Selvagio   ¿Rigor es tener temor
de perderte?

Sirena   ¿Pues no es,
cuando tan cerca me ves
de ser reina, hacer de modo
que pierda un imperio todo
que pone el tiempo a mis pies?

Selvagio   ¿Luego entre tantas mujeres
piensas ser la que le agrade?
¿Cómo no te persuade
el ver cuán rústica eres?
Ser reina, Sirena, quieres
donde irán tantas señoras;

	no señala labradoras
	el bando, mas gente igual
	a la corona Real,
	que con tu sayal desdoras.
Sirena	¿El Rey no está enfermo?
Selvagio	Sí:
	dicen que muere de amor;
	que aun es el daño mayor
	para despreciarte a ti.
Sirena	Tú te engañas.
Selvagio	¿Cómo ansí?
Sirena	Porque en el monte y el prado
	se halla la hierba que ha dado
	salud, y es más provechosa,
	no el clavel, mosqueta y rosa
	en el jardín cultivado.
	Nunca en palacio se crían
	entre el dosel y el tapiz,
	el faisán y la perdiz:
	del campo se los envían;
	cuando al campo se desvían
	a una aldea, a un monte, a un prado,
	los Reyes, es que el cuidado
	de la corte los cansó,
	y el árbol les agradó
	más con hojas que dorado;
	el más compuesto jardín,
	de más cuadros y labores,
	la diversidad de flores,

las paredes de jazmín,
al principio, al medio, al fin
del año, una vista ofrece
que nunca mengua ni crece.
El campo es de más beldad,
porque por la variedad
más alabanza merece.
   Corren sin arte las fuentes,
y del monte despeñadas,
dan a los prados lazadas
de cristalinas serpientes;
los árboles eminentes
no están por orden plantados;
allí se ven los ganados,
allí el pastorcillo canta,
con los pasos de garganta
a los arroyos hurtados.
   Sale el libre conejuelo,
desde la hierba al vivar,
y la liebre suele estar
en cama de campo, al hielo;
cruzan por el verde suelo
los tiernos gamos celosos;
con suspiros amorosos
gime la tórtola ausente,
cuando el Sol al Occidente
vuelve sus rayos hermosos;
   el pajarillo enjaulado
no causa tanto contento,
del ciudadano aposento
en los balcones colgado;
la fruta en plato dorado
no agrada como en la rama,
y así el gusto del Rey llama

　　　　　　　　a la ruda labradora
　　　　　　　　más que a la grave señora
　　　　　　　　y a la bien compuesta dama.

Selvagio　　　　　¡Que te haya la vanidad,
　　　　　　　　Sirena loca, engañado,
　　　　　　　　naciendo hierba en el prado,
　　　　　　　　a trasplantarte en ciudad!
　　　　　　　　Cuando al Rey la voluntad
　　　　　　　　tú le pudieses mover,
　　　　　　　　¿por qué dejas de querer
　　　　　　　　lo que del campo encareces?
　　　　　　　　Pues al palacio te ofreces,
　　　　　　　　donde no lo puede haber.
　　　　　　　　　Esa bella compostura,
　　　　　　　　sin arte quieres dejar,
　　　　　　　　y trasladarte a lugar
　　　　　　　　de menos varia hermosura;
　　　　　　　　goza de la fuente pura
　　　　　　　　y del árbol la belleza:
　　　　　　　　sigue tu naturaleza,
　　　　　　　　pues que dices que es mejor,
　　　　　　　　y no desprecies mi amor:
　　　　　　　　reinarás en mi firmeza.

Sirena　　　　　　Selvagio, como le agrada
　　　　　　　　el aldea al cortesano,
　　　　　　　　agrada al rudo villano
　　　　　　　　ver la techumbre dorada:
　　　　　　　　la dama de oro cansada
　　　　　　　　pardo picote desea,
　　　　　　　　y el oro la del aldea:
　　　　　　　　truécanse plumas y varas;
　　　　　　　　que si en los gustos reparas,

        no hay gusto que firme sea;
          el casado al libre envidia,
        y el libre envidia al casado;
        quien tiene el mundo abreviado:
        del gobierno se fastidia:
        India, Etiopía, Numidia,
        no dan a Asuero, en rigor,
        contento, y muere de amor
        de que le falta Vastí;
        que siempre decir oí:
        lo que falta es lo mejor.

Selvagio   Tente y advierte, Sirena,
        que me dejas a morir.

Sirena   Déjame, Selvagio, ir
        a donde mi suerte ordena;
        que mañana tendrá pena
        alguna reina de amores;
        ¿iréis allá labradores?

Selvagio   Aguarda.

Sirena   No hay que tratar.

Selvagio   ¿Piensas que has de enamorar
        los cetros como las flores?

Sirena   Mal sabes las diligencias
        de una mujer que pretende.

Selvagio   ¿Y si al Rey tu gusto ofende
        y adora ajenas ausencias?

Sirena	Volveréme a mis querencias.
Selvagio	Pues en los nidos de antaño no habrá pájaros hogaño.
Sirena	¿Seré yo reina?
Selvagio	Serás tan loca, que lo dirás en llegando el desengaño.

(Vase. Entren el rey Asuero y su gente, y Amán.)

Asuero	En efeto, la pena se entretiene con tanta variedad, mas todavía, vasallos, la memoria a darme viene fuertes asaltos con la prenda mía. Si dicen que el amor remedio tiene, cosa que mi experiencia desconfía, ¿en quién está cifrado, en quién se guarda?
Adamata	¿Pues no te pareció Sergia gallarda?
Asuero	Su fama me agradó, mas su presencia no fue a su fama igual.
Selvagio	Bizarra dama era Fenicia.
Amán	Mucho más Fulgencia, que la sirena del Jordán se llama.
Tares	Yo presumí que el talle de Laurencia volviera en nieve tu amorosa llama.

Asuero   Vastí, me mata, y sola su hermosura
                es el crisol que mi memoria apura;
                   los libros no escribieron medicinas
                siendo la enfermedad amor más fuerte.

Amán   Las pasiones del alma, peregrinas,
                el tiempo las consume o las divierte:
                no hay hierbas en Tesalia tan, divinas
                que curen al amor.

Asuero   Amán, advierte
                que aunque es como morir de una sangría,
                me mata amor mil veces en un día.

(Egeo, entre.)

Egeo   Dame tus pies reales.

Asuero   ¿Qué hay, Egeo?

Egeo   Deseo de servirte y de curarte,
                porque ninguno iguala mi deseo,
                y así traigo, señor, que presentarte
                la bella Ester, cuya hermosura creo
                que será poderosa a consolarte
                del amor de Vastí, porque es tan bella,
                que tiene el mismo Sol envidia della.
                   No te quiero pintar su rostro hermoso,
                porque son muy groseros mis pinceles:
                a tus ojos remito el milagroso
                juicio, aunque mirar sin gusto sueles;
                pero en aquesta púrpura y precioso
                marfil, rosas, jazmines y claveles,

                    dará lugar Vastí.

Asuero   Tanta belleza,
            monstruo será de la naturaleza.
               En mi trono Real recibir quiero
            tan hermosa mujer; poneos al lado.

(Música y acompañamiento y damas, y entre detrás Ester con vestido entero y falda larga.)

Ester   Mi humildad, poderoso rey Asuero,
            no es digna de besar tu rico estrado,
            mas la obediencia, por quien ser espero
            admitida en tus ojos, me ha forzado
            a osar ponerme en tu Real presencia;
            que el mejor sacrificio es la obediencia.
               Supe tu intento y ofrecí mi vida
            y sangre a tu remedio, aunque temiendo
            mi indignidad, que no es tan atrevida
            mi vista, el Sol de tu grandeza viendo;
            mas de tus rayos ínclitos vestida,
            como cristal resplandecer pretendo,
            para que el alma que quisieres pongas
            y los sentidos a tu amor dispongas;
               que como el claro Sol los montes dora,
            y parecen zafiros y diamantes
            las verdes hierbas que bordó el aurora,
            claras entonces como oscuras antes,
            así con la riqueza que atesora
            y alumbra las esferas circunstantes,
            tu presencia Real, la humildad mía
            trasladará su noche al mayor día.

Asuero   Por el supremo Dios que rige el suelo,

hermosísima Ester, que no pensara
que se pudiera hallar fuera del cielo
de hermosura y de luz fénix tan rara;
das en mirarte celestial consuelo;
toda memoria en tu belleza para;
que cual huye del Sol la noche oscura,
huye el ajeno amor de tu hermosura.
  No sale el Sol por el purpúreo Oriente
más apriesa borrando las estrellas,
que el de tus ojos y serena frente,
pues ya desaparecen las más bellas.
Levántate del suelo al eminente
trono, que ya mejor que todas ellas
mereces, pues por fin de mis enojos
hallaste gracia en mis dichosos ojos
  Mas porque el orden justo se prosiga,
a Ester acompañad, y tenga aparte
el aposento a que su luz obliga,
pues veis que con el Sol términos parte;
que yo sospecho ya que se mitiga,
más por naturaleza que por arte
esta pasión que me abrasaba el pecho;
amigos, gran servicio me habéis hecho.

Ester	Tu sierva soy, y tú quien a tu hechura levantas de la tierra.
Asuero	Esto merece, bendita Ester, tu gracia y compostura, que en los ojos del cielo resplandece.
Amán	Alaba, hermosa dama, tu hermosura.
Ester	Mi alma, a Dios alaba y engrandece.

Setar	Basta, que amor a más amor se allana.
Amán	Lo que mujer dañó, mujer lo sana.

Fin de la primera jornada

Jornada segunda

(Mardoqueo e Isaac, hebreo.)

Mardoqueo   Llevada, finalmente, Isaac amigo,
la bella Ester al poderoso Asuero,
halló gracia en sus ojos de tal suerte,
que preparando a sus mayores príncipes,
la fiesta de un convite suntuoso,
la coronó por reina de la India,
y puso la diadema en la cabeza
de ciento y veinte reinos y provincias.
Con esto y el amor, que siempre crece,
es dueña Ester de todos sus sentidos,
por dicha, para bien de los hebreos,
que lloramos cautivos las memorias
de nuestra amada patria, de la santa
Jerusalén, desde los tristes días
que venció Donosor a Jeconías.

Isaac   ¿Y tú no vives, noble Mardoqueo,
con más honor del que presente veo?

Mardoqueo   No he querido que Ester al Rey le diga
que soy su tío, ni lo sabe alguno
de los persas que viven en su casa,
ni su nación ni patria le he mandado
que diga hasta su tiempo.

Isaac   Mal has hecho,
porque con tanto amor, si la supiera,
para nuestra prisión remedio fuera.

Mardoqueo   Diversas cosas va ordenando el cielo

para bien del cautivo pueblo suyo,
de las que puedes tú pensar agora,
de las cuales Ester será la estrella;
tiéneme un sueño, Isaac, tiéneme un sueño
lleno de confusión.

Isaac
 Pues qué, ¿imaginas
que no es sueño animal, de los que nacen
de la solicitud del pensamiento?

Mardoqueo
Por sobrenatural le temo y siento.
Yo vi romperse el cielo por mil partes
con horrísonos truenos, y hacer guerra
uno con otro dos dragones fieros,
a cuya confusión vi que salían
dos ejércitos fuertes a batalla
campal contra los justos inocentes,
los cuales, viendo la tragedia tristes
de sus amadas vidas, con mil lágrimas
pidiendo estaban su remedio al cielo.
Entonces una humilde fuentecilla
iba saliendo con pequeña fuerza,
pero creció de suerte, que excediendo
las márgenes floridas con las aguas,
se vino a hacer un caudaloso río;
el Sol salió con mil hermosos rayos,
y dándoles mil géneros de muertes,
los humildes vencieron a los fuertes.

Isaac
 ¿Consultaste al Señor sobre este caso?

Mardoqueo
Yo pienso que ha de ser para bien nuestro,
aunque ha de ser por medio de mil penas;
mas como al Sol precede oscura noche,

	así la gloria de las penas sale.
Isaac	¿Quién es aqueste?
Mardoqueo	Este es Amán, un príncipe
que preside a los otros, tan soberbio
con el imperio, que me causa enojos.
Isaac	Todos se van hincando de rodillas.
Mardoqueo	Yo no, que solo a Dios hincarlas pienso,
que no quiero quitar lo que le debo,
por darlo a la criatura, que bien sabe
el mismo Dios, que no es por ser yo grave.

(Acompañamiento, Amán detrás, y alguna gente hincándose de rodillas.)

Amán	¿Quién sois vos?
Portero	Yo soy, señor,
de la Audiencia Real portero;
hacedme aqueste favor.
Amán	Ni agora puedo ni quiero
servir.
Portero	¡Qué extraño rigor!
Amán	¿Vos quién sois?
II	Pobre soldado
que de Numidia ha llegado.
Amán	¿Mejor no fuera servir

|III| Yo serví
a Vastí.

Amán Ya no hay Vastí.
¿No sabéis que reina Ester?
¿Qué os cansáis en pretender?
¡Hola! Apartaldos de aquí.

(Éntrese.)

|III| ¡Mal fuego del cielo baje
sobre tu casa, cruel,
que tanta soberbia ataje.

(Éntrense. Queden Mardoqueo e Isaac.)

Mardoqueo No pienso, Dios de Israel,
hacer a tu culto ultraje.

Isaac Yo la rodilla le hinqué
con temor.

Mardoqueo Yo, sin temor,
quedé cubierto y en pie.

Isaac No he visto tanto rigor.

Mardoqueo ¡Qué cruel!

Isaac Mucho lo fue.

Mardoqueo	Bienaventurado sea
	quien en hacer bien se emplea,
	y al pobre muestra piedad.
Isaac	Voyle a ver por la ciudad.

(Vase.)

Mardoqueo	Quien le estimare, le vea.
(Mardoqueo solo.)	Dios de mis padres, no es soberbia mía

no me rendir a Amán, tan arrogante
como Nembrot, aquel feroz gigante
que escalar vuestros cielos pretendía:
   introdújose así la idolatría;
no es bien que con el culto se levante,
debido a quien no tiene semejante,
quien no tiene poder seguro un día.
   Vos sois la majestad a quien debida
es nuestra adoración, y por quien vierte
sangre en las aras donde sois servida.
   Nadie con vos es poderoso y fuerte;
que como sois el dueño de la vida,
también tenéis el cetro de la muerte.

(Bagatán y Tares.)

Bagatán	Paréceme que es mejor
	que le matemos de hecho.
Tares	Tengo a la guarda temor.
Bagatán	Que te ayudarán sospecho,
	conociendo tu valor;

	que aunque allí se escandalicen, mil príncipes has de hallar que nuestra hazaña autoricen.
Mardoqueo	Estos tratan de matar. ¡Válame Dios! ¿A quién dicen?
Tares	El ser el Rey tan amado pone a mi temor cuidado; que no el rigor de la ley.
Mardoqueo	¡Basta! ¿Qué dicen al Rey?
Bagatán	Habla, Tares, recatado.
Tares	¡Que siempre a la puerta veo de palacio, ocioso y grave, este porfiado hebreo!
Bagatán	¿Qué pretende?
Tares	No se sabe.
Bagatán	Echarle de aquí deseo. ¿Guardaste la carta?
Tares	Sí, en el pecho la escondí.
Bagatán	Si nos oyó...
Tares	No lo sé.
Bagatán	Espera, y yo lo sabré.

	¿Qué buscas, amigo, aquí?
Mardoqueo	Escribo historias, y vengo a ver del Rey las grandezas por afición que le tengo, que no pretendo riquezas, ni en pretender me entretengo.
Bagatán	Según eso, bien oirías lo que tratamos del Rey y sus grandes monarquías.
Mardoqueo	Yo tengo siempre por ley pensar en las cosas mías. Miraba aquestas colunas corínticas, aunque son dóricas también algunas, y desta puerta el blasón, estos soles y estas lunas. Lo que tratáis me decid, para me lo escriba, amigos, y esa historia me advertid.
Bagatán	Buscad mejores testigos, o más despacio venid; que estamos de prisa agora.
Mardoqueo	Pues guárdeos el cielo.
Tares	Adiós.
(Vanse.)	
Mardoqueo	El cielo, que nada ignora,

>   hoy castigará a los dos
>   con su mano vengadora.
>   Ester sale a su jardín;
>   notable ocasión de hablalla
>   y estorbar del Rey el fin.

(Ester y Sela, y las damas que puedan.)

Sela	Hablan las fuentes y calla el viento en este jazmín, y así mejor estarás debajo de aquellas murtas.
Ester	Pues vamos solas no más.
Sela	Pienso que a las flores hurtas la hermosura que les das.
Mardoqueo	¿Podráte hablar Mardoqueo?
Ester	Aparte puedes hablarme.

(Retírense.)

Mardoqueo	¡Sobrina!
Ester	¡Tío!
Mardoqueo	Deseo darte un aviso.
Ester	Engañarme pudo en tu voz el deseo; más quisiera que dijeras

	un abrazo que un aviso.
Mardoqueo	Ester, si sola estuvieras, ni yo estuviera remiso, ni tú de mi sangre huyeras; soy tu padre, aunque tu tío.
Ester	Eres el amparo mío.
Mardoqueo	Al Rey quieren darle muerte.
Ester	¡Al Rey, tío! ¿De qué suerte?
Mardoqueo	Todo el remedio te fío; a Bagatán y Tares, porteros del Rey, lo oí; dilo al Rey, porque después me premie el aviso a mí y algún descanso me des.
Ester	¿Pues puédese averiguar?
Mardoqueo	Di que los miren el pecho.
Ester	El Rey me viene a buscar. Vete, y vete satisfecho, que Dios te quiere ensalzar.

(Váyase Mardoqueo. Salen el Rey, Amán, Tares, Bagatán y otros.)

                  Señor mío...

| Asuero | Bella Ester,
ya deseaba saber |

	cómo te hallabas sin mí.
Ester	¿Cómo se ha de hallar sin ti quien de ti recibe el ser? 　Como están del Sol ausentes sin luz las cosas, estoy en no teniendo presentes esos ojos de quien soy, si tanto bien me consientes; 　y estoy como está la esclava honrada de su señor, a quien adora y alaba.
Asuero	Basta, que comienza amor adonde otro amor acaba. 　¡Oh, cuánto te debo, Ester!
Ester	Tanto, que envidia he tenido de quien hoy me dio a entender... mas llega un poco el oído.
Amán	¡Secreto! ¿Qué puede ser? 　Mas de su amor hablarán, que tan rendidos están, que no descansan un punto.
Asuero	Por los que son te pregunto.
Ester	Son Tares y Bagatán.
Asuero	¡Tares!
Tares	¡Señor!

Asuero	Muestra el pecho.
Tares	¿Para qué, señor?
Asuero	Aparta.
Tares	¡Cielos! Mi muerte sospecho.
Asuero	¿Qué carta es esta?
Tares	No es carta, ni escritura de provecho.
Asuero	Lee, Amán.
Tares	Oye, señor.
Asuero	No hay que oír.
Ester	¡Calla, traidor!
Amán	La carta trata tu muerte.
Asuero	¿Cómo dice?
Amán	Desta suerte.
Bagatán	Helado estoy de temor.
(Lea Amán.)	«Ya estamos determinados de matar al rey, Bagatán y yo, para el día que nos avisáis; por eso estad apercibidos a nuestro amparo, y a lo demás que sabéis. Guárdeos el cielo, y dé a nuestra hazaña valerosa el suceso que todos deseamos».

Asuero	¡Hay semejante traición? Lleva estos hombres, Amán, que me obliga la razón a que mis manos...
Amán	No harán; que dellas indignos son. Esclavos, viles, villanos, ¿en el Rey poner las manos? ¿Quién los cómplices han sido? ¿Cómo habéis enmudecido? ¡Por los cielos soberanos, que os la pienso dar tan fuerte, que quede al mundo memoria de vuestra inaudita muerte!
Tares	Envidia fue de tu gloria: que fuiste la causa advierte.
Amán	Caminad.
Asuero (Vanse.)	¿Quién te contó de aquestos el mal deseo?
Ester	Un hebreo me avisó.
Asuero	¿Y es su nombre?
Ester	¡Mardoqueo!
Asuero	Tengo por costumbre yo escribir servicios tales en mis historias y anales,

	para darles galardón en llegando la ocasión.
Ester	Beso tus manos reales; que la merced que le hicieres, estimo como las mías.
Asuero	¡Hola!
Adamata	¡Señor!
Asuero	Si escribieres los servicios destos días, tú que después los refieres, pon que me dio Mardoqueo vida, y con noble deseo desta traición me libró.
Adamata	Voy a escribirlo.
Asuero	Si yo tan cuidadosa te veo de mi vida y mi salud, ¿cómo, Ester, a tu virtud no he de rendir cuanto soy?
Ester	Hasta que mueran estoy con temerosa inquietud.
Asuero	Pues alto, mátenlos luego.

(Entre Amán.)

Amán	Confiesan tantas maldades,

                que es poco cuchillo y fuego.

Asuero   No hay cosa en que no me agrades.

Ester   Que mires por mí te ruego.

Asuero   ¿Cómo?

Ester   En mirar por tu vida.

Asuero   Ven a ver, Ester querida,
                    estas fuentes, donde hablemos
                    deste peligro.

(Tómela de la mano y váyanse.)

Amán   ¡Qué extremos!
                    Casi a envidiarlos convida;
                        pero con justa razón,
                    por su gracia y hermosura,
                    la tiene el Rey afición.

(Marsanes y Mardoqueo entren.)

Mardoqueo   ¡Qué temeraria locura!

Marsanes   Poco estarán en prisión.

Mardoqueo   ¿Que al Rey quisieron matar?

Marsanes   Desto te puedo informar,
                    que lo demás no lo sé;
                    aquí está Amán.

Mardoqueo	Y yo en pie, que no me pienso humillar.
Marsanes	Mira que es notable error.
Mardoqueo	Solo al Supremo Señor pongo la rodilla en tierra; quien le da a los hombres, yerra: solo es Dios digno de honor.

(Váyase.)

Amán	¿Quién es el que sale allí?
Marsanes	¿Aquel, señor? Un hebreo.
Amán	¿Pues cómo se ha estado así?
Marsanes	Porque tan libre le veo siempre delante de ti.
Amán	Parece que lo he notado que en pie y cubierto se ha estado: que entre o salga, y en su ley no se dirá que a un virrey no respete el más honrado.
Marsanes	De tal manera le hallo mil veces en tu presencia, que él es el rey, tú el vasallo, porque a ti te reverencia lo mismo que a tu caballo; y como nunca se quita de la puerta, es muy notado.

Amán	La espada y el brazo incita.
Marsanes	El mismo mármol helado adonde se arrima, imita.

Amán	A no ser descompostura
	de un príncipe soberano
	poner en tan vil criatura
	la espada noble y la mano,
	que el Sol derribar procura,
	   fuera y le hiciera pedazos,
	ensangrentando las puertas
	con la boca a faltar brazos;
	mas a bajezas tan ciertas
	convienen vigas y lazos.
	   ¡A mí, que al salir de Oriente
	el Sol se humilla a mi frente!
	¡A mí, sin cuya licencia
	no hace del mundo ausencia
	ni da la vuelta a Occidente!
	   ¡A mí, que si quiero, al suelo
	haré humillar las estrellas
	y los planetas del cielo,
	y que puedo andar sobre ellas
	y hacer pedazos su velo!
	   ¡A mí, de quien tiembla agora,
	desde el Gange hasta el Jordán,
	cuanto el Sol ilustra y dora!
	¡Al Virrey, al rey Amán,
	de cuanto mira el aurora!
	   ¡A mí, que en amaneciendo
	cantan mil himnos las aves,
	hasta las fuentes riendo

>   van por arroyos suaves,
>   solo mi nombre diciendo!
>   ¡A mí, un triste, un vil hebreo!
>   Ahora bien; mayor venganza
>   que en su vida hacer deseo;
>   que una vida poco alcanza
>   a las ofensas que veo:
>   el Rey es, que ha dejado
>   a Ester. ¡Notable ocasión!

Marsanes   Con razón te has enojado.

Amán   Es el respeto razón
de toda razón de Estado.

(Asuero entre.)

Asuero   ¿Ejecutóse el mandamiento mío?

Amán   ¿Cuándo no se ejecuta lo que mandas?
Mas si he de hablarte como es justo y debo,
o tú tienes la culpa, o la han tenido
muchos que te gobiernan y aconsejan.

Asuero   Pues, ¿qué remedio, Amán, tomarse puede
para que nadie contra un rey conspire
en tanta multitud de pensamientos?
Dirás que ser temido y ser apiado.

Amán   No puede un rey de todos ser temido
ni amado, si no intenta que en sus reinos
no vivan los extraños de sus leyes.

Asuero   ¿Quién tengo yo de quien temerme pueda?

Amán	Los hebreos que trajo de Judea
Nabucodonosor, no te obedecen.
Lo primero, no adoran a tus dioses,
porque al Dios de Abraham y de sus padres
sacrifican en altos holocaustos
la blanca oveja y el dorado toro;
estos pervierten los demás vasallos,
estos hacen mil fieros latrocinios,
y destos nace quien desea tu muerte.
Asuero	¿Y los hebreos viven de esa suerte?
Amán	Viven menospreciando tus decretos,
tus virreyes, tus cónsules y príncipes;
destrúyelos, señor: manda que mueran,
y daréte de plata diez talentos,
que tu tesoro y arcas enriquezcan.
Asuero	Escribe provisiones luego al punto
a todas las ciudades de mis reinos,
para que mueran todos en un día,
mi anillo es este, toma, y los talentos
cóbralos para ti; que no los quiero.

(Váyase el Rey.)

Amán	¡Viva mil años el divino Asuero!
Marsanes, esto es hecho; vengan luego
correos que dilaten estas nuevas
de la India a Etiopía.
Marsanes	Escribe presto
un decreto del Rey, y fijaréle

	en la puerta mayor deste palacio,
	para que el miserable Mardoqueo
	vea si es bien que humille la cabeza
	a los virreyes del divino Asuero.
Amán	Humillarála presto sin el cuerpo
	y bañaráse en sangre de su infame
	progenie, porque en Susa irá corriendo
	como en las tempestades los arroyos.
Marsanes	Así tendrán respeto los villanos.
Amán	Yo quedaré vengado del desprecio,
	que a un hombre que respetan las estrellas,
	no le querer tener un vil, un loco,
	parece que es tener al cielo en poco.

(Salga Selvagio.)

Selvagio	Aves que por el viento
	esparcís vuestras quejas amorosas
	con regalado acento,
	o ya favorecidas o celosas,
	o en árboles tejidos,
	principio dais a vuestros dulces nidos:
	líquidos arroyuelos,
	que rompiendo los vidrios cristalinos
	de vuestros blancos velos,
	enamoráis los valles convecinos,
	que de vuestros amores
	engendran plantas y producen flores;
	tosco ganado mío,
	que en asomando el Sol por su ventana
	a enjugar el rocío,

por estas zarzas la enhetrada lana
dejáis, saltando al prado,
de azules campanillas matizado.
　　Fuese por arrogante
aquella fiera, vuestro dueño y mío;
quedé como el amante
que a la ribera del ardiente río
templó la infernal ira
sobre los trastes de su dulce lira.
　　Naciendo en pobre aldea,
a ser reina se fue, ¡qué gran locura!
Mas ¿quién habrá que sea
cuerda, si su gracia y hermosura
la alaba el que suspira,
o la engaña la fuente en que se mira?
　　Partióse, y del ganado
olvidada, se opuso a la corona,
que el cetro y el arado,
la que ni al Rey ni al labrador perdona,
solo juntar solía;
mas quiérela imitar la ingrata mía.

(Entre Sirena.)

Sirena　　　　　Por estos hermosos valles,
si es bien amor que te acuerdes,
donde estos álamos verdes
eran toldos de sus calles;
　　por las márgenes nevadas
desta fuentecilla fría,
llevar Selvagio solía
sus ovejuelas peinadas:
　　¡Oh, hele allí! Dulce ausente
de estos ojos, ¿podré darte

        el parabién de abrazarte
con la risa desta fuente?
    ¿Podré colgar de tu cuello
esta memoria por joya?

Selvagio   Podrás abrasar a Troya
solo encendiendo un cabello;
   que ya tu voz regalada,
al alma por el oído
paso, venciendo en sonido
esta fuente delicada.
   Mas como el convaleciente
que enfermó de fruta hermosa
aunque en la rama frondosa
la ve colgar dulcemente,
   de tocalla se desvía
por no volver a enfermar,
no me atreveré a tocar
lo que enfermarme solía.
   ¿Cómo vuelves? ¿Cómo estás?
¿De dónde vienes? ¿Qué tienes?
¿Cómo de palacios vienes
y por estos prados vas?
   ¿Qué traje es este, grosero?
¿Las reinas andan ansí?

Sirena   ¡Burlas Selvagio de mí,
sin abrazarme primero!
¿Así das el parabién
de nuestra ausencia a tu amor?

Selvagio   Yo te agradezco el favor
y la memoria también,
mas a las reinas que han sido

no está bien tratar de amores
con los rústicos pastores
ni deslustrarse el vestido;
   tú vienes ya como zarza:
yo, como de lana soy:
temo, si el pecho te doy,
que en tus espinas se esparza:
   vuelve, Sirena, a reinar:
deja el prado y el aldea.

Sirena   ¡Bien tratas quien te desea,
porque te viene a buscar!

Selvagio   ¿Tú a mí, después que del Rey
habrás sido despreciada,
porque Ester sola es amada
por matrimonio y por ley?
   ¿Tú a mí, de quien al partirte,
una palabra amorosa
no te escuché, ni ya es cosa
puesta en razón el servirte,
   porque el estilo de corte
que traes en los oídos,
en nuestros rústicos nidos
no hallará pluma que corte
   Vuélvete a reinar, Sirena:
deja nuestra soledad
que viva sin voluntad,
que es como vivir sin pena;
   que te aseguro de mí
que en extremo te quería
en tanto que no te vía,
y no después que te vi,

Sirena	Antes el ver lo que he sido te pone en obligación de que dobles la afición que dices que me has tenido; que traigo más calidad de la que de aquí llevé.
Selvagio	Esa calidad, yo sé que ofende la voluntad; acuérdate que te dije lo de los nidos de antaño.
Sirena	¡Oh, cuánto igual desengaño nuestra condición aflige! Mira, Selvagio, que tengo con qué poder regalarte.
Selvagio	Empléalo en otra parte.
Sirena	Mira que a buscarte vengo.
Selvagio	Sirena no cantes más, porque tengo condición que no ha de haber posesión en mi esperanza jamás; dueño tuviste, y es sueño pensar que me has de agradar; que basta para olvidar imaginar otro dueño.
(Vase.)	
Sirena	Bien merezco este desdén, pues que con vana locura,

si lo violento no dura
quise hacer violencia al bien;
   yo tengo castigo igual:
mi soberbia le merece,
porque nada permanece
fuera de su natural.
   Por el buitre que volaba,
mi pajarillo dejé,
pero yo le ablandaré
la condición fiera y brava;
   no me da mucha fatiga
por más que volar presuma;
que los hombres son de pluma,
y las mujeres de liga.

(Váyase, y entren Ester, y Sela, y Egeo.)

Ester	¿Eso ha hecho Mardoqueo?
Egeo	Desta manera le vi.
Ester	¿Con saco?
Egeo	Señora, sí.
Ester	Saber la causa deseo.
Egeo	No sé más de que ha rasgado con gran dolor sus vestidos, y por todos sus sentidos el vivo dolor mostrado. La cabeza se ha cubierto de ceniza.

Ester	¡Extraña cosa!
Selvagio	Sin duda es dificultosa de remedio.
Ester	Y es muy cierto; porque tal demostración no la hiciera sin gran causa.
Egeo	Pon a las sospechas pausa; que yo sabré la razón.
Ester	Con saco ninguno puede por ley en palacio entrar: ropa le quiero enviar para que adornado quede; toma la más rica, Egeo, que puedas hallar.
Egeo	Ya voy.
Ester	¡Ay, Sela! ¡Confusa estoy!
Sela	¿Qué te importa Mardoqueo?

Ester	Téngole alguna afición
	desde aquel dichoso día
	que al Rey, que es vida en la mía,
	descubrió aquella traición.
	   Vamos, que en aquellas rejas
	le veré, si acaso está
	en la puerta, o me podrá
	decir el viento sus quejas.
	   ¡Toda estoy muerta! ¿Qué haré?

Sela	¿Qué te va en este hombre a ti?
Ester	Pues que yo lo siento así, ¡triste de mí, yo lo sé!
Sela	El Rey te adora: imagina que cuanto quieras podrás.
Ester	A otro Rey que importa más, mi alma su llanto inclina. Que si no es que amando yerro en esta imaginación, saco y ceniza no son menos que muerte y destierro.

(Vase. Mardoqueo entre con un saco, y Egeo con una ropa.)

Mardoqueo	No tienes que persuadirme. vuélvele, amigo, la ropa; que esta desdicha no topa en adornarme y vestirme.
Egeo	La causa es justo decirme de tanta melancolía, para que a la Reina mía se la cuente por los dos.
Mardoqueo	¡Ay de ti, pueblo de Dios, si no lloras noche y día!
Egeo	¿Qué le tengo de decir?
Mardoqueo	¡Déjame, amigo, llorar!

Egeo	Bien la pudieras hablar si te quisieras vestir.
Mardoqueo	Estoy cerca de morir. ¡Déjame!
Egeo	¡Extraña porfía! Voyme.
Mardoqueo	¡Ay, justa pena mía!
Egeo	Bien fuera hablaros los dos.

(Váyase Egeo.)

Mardoqueo   ¡Ay de ti, pueblo de Dios,
si no lloras noche y día!
   ¡Oh, mísero pueblo hebreo!
Hoy vuestros ojos verán
triunfar el soberbio Amán
del humilde Mardoqueo.
Lejos el remedio veo.
si no es que el cielo le envía
para vuestra dicha y mía,
Ester divina, por vos.
¡Ay de ti, pueblo de Dios,
si no lloras noche y día!
   ¿A quién volveré la cara?
¡Señor, si estáis ofendido.
por nuestras culpas ha sido.
que otra cosa no bastara!
Dejad un poco la vara
que rayos al mundo envía:

	pero si la profecía
	no mueve piedad en vos.
	iay de ti pueblo de Dios,
	si no lloras noche y día!
Egeo	La Reina, con gran dolor,
	te envía a decir por mí
	que por qué lloras así
	y no admites su favor.
	Mira que es mucho rigor
	negarle cosa tan justa.
Mardoqueo	Pues saber la Reina gusta
	la causa, en este papel
	la puede ver, y por él
	sabrá si es justa o injusta.
	A la puerta se ha fijado
	de palacio aqueste edito;
	no porque della le quito,
	sus letras solas traslado.
	El rey Asuero ha mandado,
	por consejos deste Amán.
	que los hebreos que están
	en su tierra, que en decillo
	tiemblo, pasen a cuchillo:
	ya el día esperando están.
	¿No escuchas el llanto triste
	de hombres, niños y mujeres?
	Pues si esto escuchas. ¿qué quieres?
	¿Por qué la Reina me viste?
	Diré que si no resiste
	a Amán y al Rey, y le ruega,
	su espada de un golpe siega
	todos los cuellos que ves;

	dile que se eche a sus pies,
	pues ningún favor le niega.

Egeo	Es ley que no pueda entrar
	ni aun la Reina a hablar al Rey,
	pena de la vida, y ley
	que primero ha de llamar;
	pero si entra, y da a besar
	el Rey el cetro, es que quiere
	que viva; mas nadie espere
	hallar tanta gracia en él.

Mardoqueo	Llévale, amigo, el papel;
	que ella hará lo que pudiere.

Egeo	Voy, aunque sé que ha de ser
	imposible que le hable.

(Váyase Egeo.)

Mardoqueo	A tu sangre miserable
	da remedio, hermosa Ester;
	que aunque es verdad que mujer
	fue causa de muchos males,
	yo sé que en mujeres tales
	puso Dios nuestro remedio,
	y que las toma por medio
	para el bien de los mortales.
	Si a la que es mala condeno,
	la buena me satisface;
	que de víboras se hace
	triaca para el veneno.
	Vaso de virtudes lleno
	fue Sara, Rebeca y Lía,

Raquel, Thamar y María,
hermana del gran Moisés,
la que cantaba después
que Israel del mar salía;
    Rahab, Débora y Jahel,
ilustres mujeres son,
y la madre de Sansón,
con Ana la de Samuel,
Rut y Abigail fiel,
Abela y la de Tobías,
Judich, que casi en mis días
quitó la vida a Holofernes
porque a su ejemplo gobiernes,
Ester, las desdichas mías.

Egeo   Grande sentimiento ha hecho
la Reina con el papel,
y a la muerte más cruel
por tu bien ofrece el pecho;
que al Rey hablará, sospecho,
pero dice que ayunéis;
que ella hará lo mismo allá.

Mardoqueo   Los pies, amigo, me da.

Egeo   Gran enemigo os aflige:
todo a la Reina lo dije:
triste por extremo está.
    Ten, Mardoqueo, esperanza
en lo que la quiere el Rey,
aunque más rompa la ley.

Mardoqueo   Eso me da confianza.

Egeo	Mucho una lágrima alcanza
que se cae de unos ojos
hermosos, en los despojos
de un rendido corazón.
Mardoqueo	Su gracia y su discreción
sabrán templar sus enojos.
Egeo	Vete y recibe consuelo.
Mardoqueo	Avisar quiero que todos
lloren, y de varios modos
suba nuestro llanto al cielo.
Egeo	Que el Rey se acerca recelo.
Mardoqueo	Voyme, que si Ester porfía,
vencerá, mas si la envía
sin consuelo de los dos
¡ay de ti, pueblo de Dios,
aunque llores noche y día!

(El Rey y Amán.)

Asuero	Deseo favorecerte.
¿Quieres otra cosa, Amán?
Amán	Adorarte, obedecerte.
Asuero	¿Cuándo a los hebreos dan
justa y merecida muerte?
Amán	Presto, señor, llega el día.

Asuero	¿Hay, Egeo, alguna cosa?
Egeo	El llanto que al cielo envía esta gente lastimosa.
Amán	¡Oh, justa venganza mía!
Asuero	¿Mataron a Bagatán y a Tares?
Egeo	Muertos están por su delito, y sembradas sus casas de sal.
Asuero	¡Qué honradas hazañas! Siéntate, Amán.
Amán	Beso tus pies, aunque indino de estar de tu trono al lado.
Asuero	Mucho a quererte me inclino.
Egeo	La Reina a verte ha llegado.
Amán	Sin licencia es desatino.

(Ester con un rico vestido y corona en la cabeza y criadas.)

Ester	A tus pies, Rey soberano, se humilla esta sierva tuya.

(Alargue el cetro y bésele Ester.)

Egeo	Alargó el cetro y la mano,

	señal de la gracia suya; miróla con rostro humano.
Asuero	Por mis dioses, bella Ester, que solo cuando te veo conozco mi gran poder, porque excedes al deseo que no hay más que encarecer; gracia has hallado en mis ojos, Ester, con los tuyos bellos, que me quitan mil enojos.
Ester	Si hallé, señor, gracia en ellos, es porque son tus despojos.
Asuero	¿Qué quieres? ¿A qué has venido? ¿Quieres algo? Pide, Ester: pide a un Rey que no ha tenido desde que te vio, querer más que de haberte querido; no temas, que tardas más en pedir que en concederte.
Ester	Pues que licencia me das y tu grandeza me advierte que tan de mi parte estás, hazme una merced, señor: que hoy comas conmigo.
Asuero	Harélo, y lo tendré por favor.
Ester	Mil años te guarde el cielo.

Amán	¡Notable muestra de amor!
Ester	Otra merced me has de hacer.
Asuero	Pide, bellísima Ester; tus dudas pena me dan.
Ester	Que hoy tu presidente Amán con los dos ha de comer.
Asuero	Como sabes que le quiero, favorécesle por mí: vamos que el convite espero.
Ester	¿Irá, Amán?
Asuero	Señora, sí.
Ester	¡Viva el poderoso Asuero!

(Váyanse Rey y Reina y Egeo.)

Amán ¿Hay más honra, hay más favor?
Con la Reina he de comer
y con el Rey mi señor!
¿Qué puedo más pretender?
Los dos me tienen amor:
 a contarlo quiero ir
a Zares, mi bella esposa,
y mis galas prevenir,
que el contento es justa cosa
con el amor dividir.
(Mardoqueo entre.) ¿Quién es este mal vestido?
¡Vive Dios, que es el hebreo,

que la sentencia ha sabido!
Gracias al cielo que veo
este villano rendido;
   sin duda me viene a hablar,
pues ya no importa llorar.

(Pasa Mardoqueo por delante de él.)

¡Oigan, el necio arrogante
cómo pasa por delante!
¡Aún no se quiere humillar!
   Tendré en esto sufrimiento:
estoy por sacar la espada.

(Vuelve a pasar.) ¡Oigan, con qué atrevimiento
vuelve a pasar! ¡Mano airada,
¿qué aguardas? Pero ¿qué intento?
   ¿Yo he de ensangrentar la mano
en un miserable hebreo?

(Vuelve a pasar.) ¿Otra vez pasa el villano?
Que es loco sin duda creo,
y ser temerario es llano;
   vese cerca de morir
y al juez no reverencia,
ni aun en él quiere advertir;
pasearse en mi presencia,
¿cómo se puede sufrir?
   Ya se va sin hacer caso
más de mí que destas puertas,
mano sobre mano y paso
sobre paso: muestras ciertas
de loco: mas yo me abraso.
   ¿Hay tal cosa que una hormiga,
que una mosca miserable,
me desprecie y contradiga,

　　　　　　　que me vea y no me hable?
　　　　　　　Yo sentencio y él castiga.
　　　　　　　　Parece que yo he de ser
　　　　　　　el muerto, y él el que hoy
　　　　　　　ha de comer con Ester.
　　　　　　　Con el Rey a comer voy:
　　　　　　　sin gusto voy a comer.
　　　　　　　　Culpa del daño que veo
　　　　　　　tiene esta guarda bisoña.
　　　　　　　Comer con el Rey deseo;
　　　　　　　todo lo vuelve ponzoña
　　　　　　　la araña de Mardoqueo.
　　　　　　　　Zares, mi mujer, es esta:
　　　　　　　Marsanes, mi grande amigo,
　　　　　　　debe de saber la fiesta;
　　　　　　　pero si hay fiesta en castigo,
　　　　　　　tengo para mí que, es esta.

(Zares y Marsanes; Zares es mujer de Amán.)

　　　　　　　　¿Sabéis ya cómo al convite
　　　　　　　que Ester, nuestra Reina hermosa,
　　　　　　　previene al Rey, me ha llamado?

Zares　　　　　Egeo lo dijo ahora,
　　　　　　　y Marsanes me traía
　　　　　　　nueva, esposo, tan dichosa.

Marsanes　　　Tu persona lo merece.
　　　　　　　pues es segunda persona
　　　　　　　del Rey en todo el Oriente.

Amán　　　　　El favor pienso que sobra
　　　　　　　al oficio, mas también.

	si mi amor no me apasiona,
	aunque es grande esta merced,
	es a mis méritos corta.
Zares	Bien es que pienses de ti
	y tu sangre generosa
	eso que dices, mas mira,
	Amán, que tu dicha sola
	llegar a tan gran fortuna,
	pues hoy quieren que le pongas
	un clavo de oro a su rueda
	cuando con los Reyes comas.
Marsanes	Ingratitud me parece
	que estés triste, pues hoy cobras
	famoso nombre en la Persia,
	y del ocaso a la aurora:
	¿ya qué te puede faltar,
	sino poner la corona
	del rey Asuero en tu frente?
Zares	Si te ha parecido poca
	esta merced, ¿a qué aspiras?
Amán	No tengo, querida esposa,
	y tú, mi amigo Marsanes,
	esta por pequeña gloria;
	pero ¿veis en el estado
	que la fortuna coloca
	mi dicha? ¿veis los favores
	que las manos generosas
	de Rey y Reina me hacen?
	Pues todo me da congoja
	respecto de ver un hombre

	que me sigue como sombra,
	pues en ver que me desprecia,
	cuanto bien tengo me enoja.
Marsanes	¿Es acaso Mardoqueo?
Amán	Tal esa fiera se nombra;
	pues cuando los capitanes
	y los príncipes se postran
	a mis pies, él no me mira,
	antes por empresa toma
	pasearse en mi presencia;
	y cuando mil almas lloran
	de la sentencia que he dado,
	no solo el Perdón negocia,
	pero hace el caso de mí
	que el viento de secas hojas.
	¿No habéis visto un perro humilde,
	que con lengua ladradora,
	alrededor de un mastín
	pretende que huya y corra,
	y que el mastín se está quedo,
	y apenas abre la boca,
	como que ni ve ni siente
	que la cabeza le rompa?
	Pues pensad que Mardoqueo
	es este mastín. ¿Qué importa
	que yo le ladre y sentencie,
	que ni las rodillas dobla,
	ni aun humilla la cabeza?
Marsanes	Esa culpa tuya es toda.
	Quiérote dar un consejo
	para que mejor dispongas

	tu gusto al Real convite.
Amán	¡Cómo!
Marsanes	Haz que dentro de una hora,
	de cuarenta pies en alto,
	labre tu guarda una horca
	tan enfrente de palacio,
	que la Reina tu señora
	y el Rey, estando comiendo,
	la puedan ver, y que pongan
	les ruega en ella al hebreo.
	para que muera sin honra,
	y comas con gusto tú.
Zares	Si a los Reyes, que te adoran.
	les pides esa merced
	tan humilde y vergonzosa,
	¿cómo la podrán negar?
Amán	Bien decís; mucho me exhorta
	vuestro discreto consejo,
	allí veré si me topa
	y no humilla la cabeza;
	que no es justo que interrompa
	un villano mal nacido,
	adonde con blancas ondas
	riega el Jordán a Samaria,
	las dichas de quien ahora,
	para ser rey del Oriente
	lleva la fortuna en popa.
	Voy a que pongan las vigas,
	porque villanos conozcan
	qué respeto se les debe

a las doradas coronas;
que no hay oro, seda y telas,
granas tirias, persas joyas,
gobiernos, reinos, imperios,
mesas, deleites, aromas,
que causen tanta gloria
como vengar agravios de la honra.

Fin de la segunda jornada

Jornada tercera

(La hermosa Ester.)

Asuero   Toda la noche he pasado
sin dormir.

Egeo   ¡Extraña cosa!
¿Ha sido por calurosa,
o en razón de algún cuidado?

Asuero   Cuidado y desvelo ha sido
de materias diferentes,
que a la memoria presentes
no permitieron olvido.

Egeo   Por eso al fin de sus leyes
un filósofo decía,
gran señor, que no sabía
cómo dormían los reyes;
    es la imagen un pastor,
que de noche desvelado,
tiene más vivo el cuidado
y más despierto el favor.

Asuero   Dadme el libro y las historias
de los servicios anales.

Egeo   Cuando a tus manos Rëales
lleguen, señor, sus memorias,
   verás las obligaciones
en que te pone el gobierno.

Asuero   ¡Oh cetro! ¡Oh cuidado eterno!

             ¡Oh bien con tantas pensiones!
                Aunque en todos los estados
             se paga censo al favor,
             nadie le paga mayor
             que quien le paga en cuidados;
                y así es mayor nuestra pena,
             y por justísima ley;
             porque los que tiene un rey
             exceden del mar la arena.

(Saca el libro Egeo.)

Egeo   Aquí está el libro.

Asuero   Leed,
             no solamente por gusto,
             mas porque saber es justo
             a quién se ha de hacer merced.

Egeo   ¿Por dónde mandas abrir?

Asuero   Por los últimos; es bien
             para que premio les den
             y se animen a servir.

(Lea.)

Egeo   Memorial de los servicios
             del mes Tebeth, en el año
             séptimo del reino tuyo,
             que dure por siglos largos:
             Apelino, capitán,
             venció los rebeldes Partos,
             que se subieron al monte

	con tantos robos y daños.
Asuero	¿Qué le dieron a Apelino?
Egeo	Uno de los principados de Persia.
Asuero	Adelante.
Egeo	Celso te presentó diez caballos, los frenos de oro y de lobo marino, y todos bordados de rubíes y de perlas, los paramentos persianos.
Asuero	¿Qué le dieron?
Egeo	Un oficio que pedía, porque hallaron que era muy digno.
Asuero	Adelante.
Egeo	Mas el médico Alejandro te hizo sangrar a tiempo; que, a opinión de muchos sabios, tu salud, que guarde el cielo, previno e graves daños.
Asuero	¿No le di un anillo de oro con un diamante, y seis vasos de mil piedras guarnecidos, y dos ropas de brocado?

Egeo   Sí, señor.

Asuero   Pues adelante.

Egeo   ¿Cómo te acuerdas?

Asuero   Reparo,
cuando doy poco, en que quedo
a quien lo doy obligado;
presto le haremos merced.

Egeo   Mas te dio Lidio Teofrasto
un arbitrio para hacer,
sin daño de tus vasallos,
crecer las rentas de Persia.

Asuero   ¿Qué le dieron?

Egeo   No le han dado
hasta que surta el efecto
lo que él anda procurando.

Asuero   Pues di más.

Egeo   Tirio, ingeniero,
hizo aquellos cuatro baños
para la salud.

Asuero   ¿Pagóse?

Egeo   Él dice que está pagado
con el provecho que dan.

Asuero   ¿Pues de qué?

Egeo   De administrarlos.

Asuero   ¿Qué más?

Egeo   Presilo te trajo
          un monstruo nacido en Tarso,
          de dos niños en un cuerpo,
          cuatro pies y cuatro manos.

Asuero   ¿Qué le dieron?

Egeo   Otro monstruo
          que te habían presentado
          mandaste darle.

Asuero   Y fue bien;
          que monstruos con monstruos pago.

Egeo   Albano te trajo un hombre,
          tirador tan extremado,
          que con una cerbatana
          dos mil agujas tirando
          a un garbanzo, las clavaba
          todas en el que era el blanco.

Asuero   ¿Qué mandé dar a ese hombre
          por un ingenio tan raro?

Egeo   Ochenta gruesas de agujas
          y una hanega de garbanzos.

Asuero   Su inútil habilidad

	pagué, con dar que, tuviese qué tirar por muchos años.
Egeo	Tesenio, ilustre poeta. te dio un libro intitulado hazañas de tus mayores.
Asuero	¿Qué le di después de honrarlo?
Egeo	Oficio de senador, y los cuatro mil ducados que tus coronistas gozan.
Asuero	¿Hay más?
Egeo	Rufino Tebano, mal pintor, te presentó de tu rostro un mal retrato.
Asuero	¿Qué le mandé dar?
Egeo	Hiciste a otro pintor tan malo que le retratase a él.
Asuero	Pagué agravio con agravio.
Egeo	Este día Mardoqueo descubrió, secreto y cauto, la conjuración de Tares y Bagatán.
Asuero	¿Qué le han dado?

Egeo	Ninguna cosa, señor.
Asuero	¿Ninguna?
Egeo	Yo no la hallo en el libro, ni la sé.
Asuero	Pues ¿cómo a un hombre, y extraño, que me libró de la muerte y dio vida, he sido ingrato? ¿No ha pedido alguna cosa?
Egeo	No, señor.
Asuero	¡Extraño caso! ¿Quién está afuera?
Adamata	Está Amán.
Asuero	¿Amán?
Adamata	Sí, señor.
Asuero	Llamaldo.

Asuero	A su Dios, a su patria, a sus parientes
	ofende el que es ingrato al beneficio:
	de muchos vicios es bastante indicio
	aunque en maldad parezcan diferentes;
	   es deshonra tomar entre las gentes,
	y nunca dar, que es del ingrato oficio,
	y solo con decir aqueste vicio,
	responden los demás como presentes;
	   es de la yedra un natural retrato.

que al árbol que la tiene la desmedra
y sale deshojado de su trato,
   y aunque engaña, amoroso como yedra,
jamás perdona agravio; que el ingrato,
el bien escribe en agua, el mal en piedra.

(Amán entre.)

Amán   ¿Qué manda tu majestad?

Asuero   ¡Oh, Amán!

Amán
Mi ventura ha sido
llamarme el Rey, si he tenido
segura su voluntad;
   porque ya en la plaza queda
hecha de cuarenta codos,
para que la vean todos
y que los muros exceda,
   la horca en que hoy ha de estar
el infame Mardoqueo:
pedir licencia deseo;
mas ya el Rey me quiere hablar.

Asuero
   Amán, si un Rey deseáse
honrar un noble varón,
para dar satisfacción
del gusto con que le amase,
   ¿qué es lo que haría por él?

Amán
Sin duda soy el que quiere
honrar el Rey, porque muere
por hacerme igual con él;
   que ninguno si no yo

	merece lo que él intenta,
	¿qué dudas, alma contenta?
	Mira cómo ayer te honró
	en que hoy vengas a comer
	con la reina y a su lado.
Asuero	¿Haslo pensado?
Amán	He pensado
	que si el Rey le quiere hacer
	honra, le mande vestir
	sus vestiduras reales,
	piedras y joyas iguales,
	y que le mande salir
	con su cetro y su corona
	a pasear la ciudad,
	y por más autoridad,
	acompañe su persona
	un príncipe que el caballo
	lleve de riendas, y que sea
	del Rey también, porque vea
	que iguala al Rey el vasallo;
	este príncipe que digo,
	dará en la plaza un pregón
	en la mayor atención
	del pueblo, al acto testigo,
	diciendo: «con tal trofeo,
	honra el Rey quien quiere honrar».
Asuero	Bien dices; parte a buscar
	al hebreo Mardoqueo,
	que del palacio a la puerta
	hallarás pobre y echado,
	y todo lo que has hablado

	con la ejecución concierta;
	   vístele un vestido mío,
	y con mi cetro y corona
	acompaña su persona,
	templando al caballo el brío
	   con llevarle de la rienda.
	y da en la plaza el pregón
	que dices, porque es razón
	que así la ciudad lo entienda,
	   y guárdate que no dejes
	de hacer cuanto aquí dijiste.

Amán	Yo voy.
Egeo	¡Qué envidioso y triste!
(Vase Amán.)	
Asuero	Si faltares, no te quejes. ¿No viene, amigos, Ester, sabiendo que la llamaba?

Egeo	Ya la ocasión aguardaba
	en que te pudiese ver,
	   mas díceme que hoy es justo
	que su convite se haga,
	para que en él satisfaga
	humildemente a tu gusto,
	   que pues no se hizo ayer,
	no es razón que pase de hoy.

Asuero	A darle contento voy, hoy comeré con Ester; que sabe su mismo Dios

|Egeo|cuál gracia en mis ojos tiene.

Tal Reina a tal Rey conviene.
¡Mil años viváis los dos!

(Vanse y salen dos personas.)

| I | De tan noble suceso
no se ha sabido la causa. |

| II | Solo sé que las reales
ropas, y corona baja
Amán, y que a Mardoqueo,
aquel hebreo que estaba
a las puertas de Palacio,
a tal grandeza levanta,
que se las viste, y le ciñe
la real corona, y sacan
un caballo del rey mismo,
que a los del Sol aventaja,
para que en él Mardoqueo
con los soldados de guarda,
y llevando Amán del freno
a pie, con grandeza tanta
le lleven y le paseen
por cuantas calles y plazas
tiene la corte de Persia. |

| I | Tan gran novedad me espanta,
secretos son que los reyes
no comunican ni mandan
poner en ejecución. |

| II | Que ya del real alcázar |

       sale este triunfo y lo dicen
       las trompetas y las cajas.

(Música de chirimías, y por un palenque entre grande acompañamiento, y detrás Mardoqueo con cetro y corona en un caballo, y su palio; traerá al pie de la rienda Amán, y en parando en el teatro, dirá.)

Amán
       ¿Qué iguala a mi desventura?
       ¿Quién se vio como me veo
       a los pies de Mardoqueo,
       y él subido a tanta altura?
         Que tal su bajeza es
       y tan vil es su linaje,
       que no hay lugar donde baje
       después de estar a sus pies.
         ¡Oh soberbia a qué has traído,
       mis altivos pensamientos
       de cuyos atrevimientos
       estaba el cielo ofendido!
         ¡Cuán mejor puedo decir,
       soberbia, en este lugar,
       que es comenzar a bajar
       no tener más que subir!
         ¿En que tendré confianza,
       o quien no se pierde en ella,
       pues un caballo atropella
       lo mejor de mi esperanza?
         Como un peso habemos sido
       este y yo, mas tan pesado
       de mi parte, que he bajado
       tanto como él ha subido.
         En una horca pensé
       subirle: mi afrenta callo,
       pues subido en un caballo,

pone en mi cabeza el pie.
 ¡Cielos! ¿Quién hay que os entienda?
Él parece que me ahoga,
pues a quien buscaba soga
le voy llevando de rienda.
 Y aun no sé en qué ha de parar
mi desventura importuna,
que no para la fortuna
cuando comienza a bajar.
 Mas ¿qué temo si me veo
en la mayor humildad?
Que no hay más profundidad
que a los pies de Mardoqueo.

Mardoqueo   Mil gracias os doy, señor,
que esta vuestra humilde hechura
levantáis a tanta altura
y a tantos grados de honor.
 Bien sé que no lo merezca:
indigno soy deste bien
y desta merced, por quien
de nuevo el alma os ofrezco.
 Vos sois Dios, dais como Dios.
que cuando honráis es de modo
que conoce el mundo todo
la grandeza que hay en vos.
 Bien puedo ahora cantar
fuera de este Egipto fiero,
que el caballo y caballero
habéis rendido en el mar.
 Amán, otro Faraón
que vuestro pueblo quería
matar, porque no le hacía
tan injusta adoración,

                    de su caballo cayó
                    en el mar de su arrogancia,
                    donde la misma distancia
                    vuestro poder me subió.
                       Que es blasón que usáis desde antes
                    que ellos fuesen nuestros dueños,
                    levantar a los pequeños
                    y humillar los arrogantes.
                       ¿Qué importa que contra vos
                    la soberbia venga armada,
                    pues luego sale la espada
                    que dice: «quién como Dios»?

Amán   Comenzar quiero el pregón
                    de mi afrenta, y no exceder
                    su gusto, por no caer
                    en mayor indignación.
                       Ciudadanos, dad lugar
                    a este pobre caballero;
                    que así honra el rey Asuero
                    a los que pretende honrar.

(La música, y vuélvanse por su palenque, y salgan Zares, su mujer de Amán, y Marsanes.)

Zares   Con mil imaginaciones
                    anda mi esposo estos días.

Marsanes   Nacen sus melancolías
                    de pequeñas ocasiones;
                       pero como a la gran nave
                    que va corriendo la mar
                    se suele un pez arrimar
                    y detiene el curso grave,

            así aqueste vil hebreo
detiene el curso de Amán,
cuando sus grandezas van
por el mar de su deseo.

Zares   Así dicen que el león
se suele espantar del gallo.

Marsanes   ¡Que un hombre que aun no es vasallo
le cause tanta pasión!
   ¡Un esclavo, un vil cautivo,
mísero pez del Jordán
a la alta nave de Amán
se quiere oponer altivo!
   Mas hoy acaba con él,
y en la horca fabricada,
lo que es indigno a su espada,
hará un infame cordel;
   en quitándole la vida,
cesará tan triste enojo.

Zares   Infamará su despojo
espada tan bien nacida;
   y así, es justo que un verdugo
acabe con su arrogancia;
y sin admitir distancia,
de la esclavitud el yugo
   del mísero pueblo hebreo
corte quitando las vidas.

Marsanes   Por tu vida, que le pidas
que no entierre a Mardoqueo.
   ¡Cómanle perros!

Zares   Sí harán;
que aun no ha de quedar ceniza
de hombre que desautoriza
los pensamientos de Amán.

(Amán entre.)

Amán   Acabó ya la fortuna
de mostrarme su inconstancia,
que una misma consonancia
hace con la varia Luna.
   En llegando a desear,
la llena se ha de temer;
que el estado del crecer
es principio del menguar.
   ¡Grandes afrentas me ha hecho
Asuero!

Zares   Esposo querido,
¿qué rostro es ese?

Amán   El que ha sido
más viva imagen del pecho;
   que si el alma se retrata
en el rostro, en él verás
cómo se parece más
lo que piensa y lo que trata.
   Ya no tengo que temer;
que solo este bien me queda,
porque no hay qué me suceda,
si no es el dejar de ser.

Zares   ¿No te ha hecho Mardoqueo
reverencia?

Marsanes	Si tú aguardas a ese infame, y te acobardas de ejecutar tu deseo. ¿qué mucho que no te estime? Ahórcale. ¿Qué pretendes?
Amán	¡Oh. qué mal, Zares, entiendes la desdicha que me oprime! Y tú, querido Marsanes, ya cesaron mis trofeos: ya ensalza el Rey Mardoqueos: ya desprecia el Rey Amanes. ¿Es posible que al oído las voces no os han llegado de lo que agora ha pasado?
Marsanes	¡Cómo!¿Qué te, ha sucedido?
Amán	¿Pues no veis la alteración del pueblo?
Zares	Habrále pesado ver al hebreo ahorcado. que tan inconstantes son.
Amán	No es eso, ¡triste de mí! Sino que el Rey me mandó vestirle sus ropas yo, y sus ropas le vestí. Su cetro y corona de oro le puse, y como vasallo, de rienda llevé el caballo para su mayor decoro.

             En la plaza di un pregón
             y en las más públicas calles.

Zares   ¡Por Dios, esposo, que calles!

Amán   ¡Qué calle! Públicas son.
                Yo dije por ensalzar
             al que mataba primero:
             así honra el rey Asuero
             a los que pretende honrar.

Zares   ¿Pues cómo, o por qué?

Amán   No sé
             más de que el Rey lo ha mandado,
             aunque yo he sido el culpado
             porque ayer no le maté;
                preguntóme de qué modo
             el Rey a un hombre honraría;
             yo pensé que lo decía
             por darme su imperio todo
                y di la misma sentencia
             que se ha ejecutado en mí.

Zares   Si el hebreo reina aquí
             y, tiene la preeminencia
                que tú de Persia tenías
             como segunda persona
             del Rey, y cetro y corona,
             ¿qué aguardas., en qué confías?
                No escaparás de sus manos.

Marsanes   No he visto desdicha igual.

Amán	Temiendo estoy mayor mal
por los dioses soberanos.
(Un Criado.)	
Adamata	¿Está aquí Amán?
Amán	Aquí estoy.
Adamata	El Rey te espera a comer,
porque ya la bella Ester
le está esperando.
Amán	Ya voy.
Adamata	No hay ya voy, sino venir.
Amán	Tengo que hacer.
Adamata	Yo no puedo
irme sin ti.
Zares	¿Tienes miedo?
Marsanes	¿Vas a comer, o a morir?
Amán	No sé; mas si el corazón
avisa al hombre primero,
mi muerte comer espero:
tales mis desdichas son.
Marsanes	Triste va.
Zares	Teme la suerte,

y su desdicha adivina,
porque si una vez declina,
nunca para hasta la muerte.

(Vase. Criados que saquen una mesa, y los músicos, y Egeo y Tares.)

Egeo
    Yo pienso que ha de ser notable día
para el gusto del Rey.

Tares
    Será notable,
porque adora en Ester.

Egeo
    Música envía.
¡Qué convite será tan agradable!

Tares
Para quien ama es dulce melodía
dar gusto a lo que quiere.

Egeo
    Es tan amable
la Reina, que ella sola sus sentidos
regala, y tiene de su amor vencidos.

Músico
Apercibe, Nicandro, el instrumento.
que ya tienen la mesa apercibida.

II
Quien come, pocas veces está atento,
o no le entra en provecho la comida;
por eso los poetas, que del viento
tienen la suspensión del alma asida,
no saben lo que comen y enflaquecen,
y, en fin, porque no comen enloquecen.

Músico
Bien dices, que un poeta en siendo rico
es mal poeta, porque engorda y come.

| II | Ya desde aquí la vista al plato aplico. |

| Músico | Yo haré que un plato el maestresala tome. |

| II | Si un pajarillo en remojando el pico,
aunque la jaula más le oprima y dome,
canta que se deshace, yo no quiero
hacer pasajes sin beber primero. |

(Reina y damas.)

| Ester | Agora, gran Señor de cielo y tierra,
que vais cumpliendo mi mayor deseo,
ya la soberbia, la humildad destierra
cayendo Amán, subiendo Mardoqueo.
Conozco el celestial poder que encierra
esta virtud que en los pequeños veo.
pues aunque a los principios despreciada,
se ve de mil laureles coronada.
¡Oh, gran Señor, si aquesta esclava vuestra
las mujeres ilustres imitase
de vuestro pueblo y de la sangre nuestra.
y algo de sus desdichas restaurase.
si la fuerte Judit con mano diestra
queréis que el cuello de Holofernes pase,
tiñendo el pabellón de sangre fiera,
haced que Amán por estas manos muera. |

(Entren el Rey y Amán.)

| Asuero | Ya con Amán, bella Ester,
a ser convidado vengo;
de tu cuidado y mi amor |

	dice que seguro puedo,
	que él viene haciendo la salva
	a los platos que merezco
	de la lealtad de tus manos
	por el amor que te tengo.
Ester	A tus pies está tu esclava.
Asuero	Levántate, Ester, del suelo;
	que humillas de un Rey el alma
	a lo menos, que es su cuerpo.
	Yo no tengo, y es sin duda,
	más alma: pues si no tengo
	más alma, y el alma es más,
	no la humilles a lo menos.
Ester	Hoy vienes de hacer favores,
	y aquí tu grandeza veo,
	pues que pagas la comida
	primero que nos sentemos.
Asuero	Siéntate, Amán.
Amán	Desde ayer
	de tal manera me siento,
	que no puedo levantarme
	al asiento que deseo.
	¡Ay de mí, qué vanas honras!
Asuero	Dennos de comer.
Músico	Cantemos.
II	A sus pasos de garganta,

haré pasos de pescuezo.

(La comida se descubra y algunos platos que serán los principios, y canten entretanto los músicos al tono de la locura.)

> Dios ensalza los humildes
> y derriba los soberbios.
> Ciento y treinta años después
> que con el diluvio inmenso
> castigó Dios a los hombres,
> comenzó Nembrot su reino;
> fabricó muchas ciudades,
> pero soberbio y blasfemo,
> persuadía a sus vasallos
> negasen a Dios eterno,
> de tan altos beneficios
> el justo agradecimiento,
> porque se lo atribuyesen
> todo a su fuerza e ingenio;
> obedeciéronle muchos,
> y porque si acaso el cielo
> volviese a anegar el mundo,
> tomaron por buen consejo
> hacer una inmensa torre,
> cuyo inaccesible extremo,
> excediendo las estrellas,
> tocase al Sol los cabellos.
> Juntáronse tantos hombres,
> que hicieron en breve tiempo
> el más notable edificio
> que antes hubo y después dellos;
> pero mirándolos Dios
> desde su alcázar eterno,
> no castigó su locura

con agua, viento ni fuego,
sino que por las distancias
del primero fundamento,
a la altura donde estaban
se confundiesen con ellos
no entendiéndose las lenguas,
con que confusos y ciegos
se esparcieron por el mundo
fabricándole de nuevo.
En el campo de Senar
cuando aquel monstruo, a quien dieron
el nombre de Babilonia,
que es confusión en hebreo.
Dios ensalza los humildes
y derriba los soberbios.

Asuero   ¿Qué quieres, hermosa Ester?
Pide, que yo te concedo
todo aquello que pidieres;
pide la mitad del reino;
pide, que si el alma es más,
¿quién te ha de negar lo menos?

Ester   Si hallé, gracia en esos ojos,
poderoso rey Asuero,
por esta vida, señor,
y la de todo mi pueblo,
a la muerte condenado,
con mil lágrimas te ruego:
ojalá que por esclavos
nos vendiesen, que gimiendo
calláramos; pero pasa
nuestro enemigo sangriento
a tal soberbia y crueldad,

	que en sangre de nuestros cuellos pretende lavar sus pies.
Asuero	¡Qué dices, Ester! ¿Qué es esto? ¿Cuál bárbaro o cuál poder tiene tanto atrevimiento hoy en el mundo?
Ester	Este Amán, aqueste enemigo nuestro.
Asuero	¿Amán se atreve a tu vida? Si del más sutil cabello tuyo depende la mía.
Amán	¡Muerto soy! ¡Su furia tiemblo!
Asuero	Quitad aquesto de aquí.

(Aparten la mesa y métanla de allí.)

¿Hombre puede haber tan fiero
que te condene a la muerte
yo vivo, yo soy, yo reino?
¿A mí me obedece Oriente
desde el Indo al Caspio seno?
¿A mí Tartaria y Egipto,
del mar Grande al mar Bermejo?
¿A mí Etiopía, a mí Arabia?
¿Soy Artajerjes Asuero?
¿Son aquestas las hazañas
que mis mayores han hecho?
¿Ilustro así sus memorias?
¿Doy esta fama a sus templos

     y cuelgo de sus sepulcros
     estos infames trofeos?
     Voyme, Ester, que de corrido
     a mirarte no me atrevo,
     pues aun no puedo mostrarte
     el poco poder que tengo.

(Váyase.)

Amán   ¡Cielos! ¿Qué será de mí?
     Que en aquesta confusión,
     bien me dijo el corazón
     lo que al principio temí.
     Ya todos se van de aquí;
     como que ya visto han
     que el basilisco de Amán
     ha dado ponzoña al Rey.
     ¿Qué amor, qué exención, qué ley
     darme la vida podrán?
      Fuese el Rey por el jardín,
     fuese Ester a su aposento,
     cada cual con pensamiento
     de mi desdichado fin.
     El ardiente serafín
     que este pueblo circunciso
     escribe en su paraíso,
     parece que está a la puerta,
     para mi desdicha abierta,
     pues mi soberbia lo quiso.
      ¿Podré salir? ¿podré entrar?
     ¿Qué puedo hacer, que sin duda,
     aunque la guarda está muda,
     ya me debe de esperar?
     Mas bueno será pasar

al aposento de Ester.
Hebrea debe de ser;
no lo supe, que a su vida
respetara mi atrevida
mano, y del mundo el poder.
   Pedirle quiero la mía;
que en tan divina hermosura
no ha de haber alma tan dura
que no ablande mi porfía.
¡Quien el Oriente solía
como a rey obedecer,
ruega una mujer! ¡a Ester
voy a rogar desta suerte!
¡Pero qué cosa tan fuerte
no se ha rendido a mujer!

(Éntrese, y salgan Mardoqueo y Ester.)

Mardoqueo   El sueño, dulce Ester, se va cumpliendo,
y trocándose el llanto en alegría
que los cielos estaba entristeciendo.
   ¡Bendito sea para siempre el día
que para dar salud a Israel naciste,
que el cuchillo feroz de Amán temía!
   ¡Con qué artificio soberano hiciste
que el Rey tuviese lástima a tus ojos,
y tu cautivo pueblo redimiste!
   Tuyos serán, Ester, nuestros despojos;
a ti, que de las hembras no difieres
que templaron del cielo los enojos,
   vendrán niños, ancianos y mujeres,
y echados a tus plantas, darán voces,
que su señora y su remedio eres.

Ester
> Tío y señor, si mi humildad conoces,
> ¿para qué me bendices desa suerte?
> Mil años, plegue a Dios, el cetro goces;
>   que en más alto lugar espero verte,
> que aquel en cuya frente el pie pusiste,
> a quien espera ya violenta muerte.

Mardoqueo
> ¡Oh, bella Ester, la fuente humilde fuiste
> que yo soñé que en aguas abundaba,
> y que la verde margen excediste!
>   Aquel dragón feroz que peleaba
> con el otro dragón menos furioso,
> era este Amán. Que su poder acaba
>   cante Jerusalén, y el suntuoso
> alcázar de Sión cante Samaria,
> y las riberas del Jordán undoso
>   canten en tu alabanza, y la contraria
> espada rindan a tus plantas bellas,
> pues tras tanta fortuna incierta y varia,
> levantas a Israel a las estrellas.

(Entre Amán, y Ester se siente en un estrado.)

Amán
> Si merece un enemigo
> que una Reina poderosa
> temple el rigor del castigo.
> y que te muestres piadosa
> en tanta ofensa conmigo.
>   Vesme aquí puesto a tus pies;
> pero dirás que no es
> humildad de aquel vasallo
> que lo estuvo del caballo
> deste que tan alto ves.
>   Nunca el valor generoso

fue ingrato, señora, al ruego;
abre tu pecho piadoso,
a cuya hermosura llego
humillado y vergonzoso;
　　mira estos ojos que ayer
tuvieron tanto poder,
que bañan de llanto el suelo.
e imita en piedad al cielo
como en hermosura, Ester.
　　Nunca me ha pesado a mí
de que fueses mi señora
y el Rey dejase a Vastí;
entonces, siempre y agora
al Rey hablé bien de ti.
　　Airado está; si tú quieres.
tú sola le templarás.
Más en perdonarme adquieres
que yo en vivir, pues es más
que ser yo, ser tú quien eres.

Ester　　　　Amán, el Rey está airado;
　　　　　　ya sabes que eres culpado.

Amán　　　　¡Señora!

Ester　　　　　　　¿Tocasme?

Amán　　　　　　　　　Sí,
　　　　　　que quiero asirme, de ti
　　　　　　como altar de mi sagrado,
　　　　　　　y no te pienso soltar
　　　　　　sin que palabra me des,
　　　　　　que el Rey me ha de perdonar.

(El Rey y Egeo, y gente.)

Asuero ¿Qué es esto?

Egeo ¿Ya no lo ves?

Ester Amán, ¿quiéresme dejar?

Asuero ¡Por el Dios de Ester sagrado,
que oprime a la Reina el fiero
a mis ojos y en su estrado!

Amán ¿El Rey es aqueste? Hoy muero;
que está por extremo airado.

Asuero Cubrilde.

(Échenle un tafetán negro.)

Egeo Ya está cubierto.

Adamata Contarle pueden por muerto.
¿No ves, señor, desde aquí
aquellos tres palos?

Asuero Sí,
y estoy de lo que es incierto.

Adamata Es una horca que Amán
hizo que la viesen todos
cuantos hoy en Susa están,
porque de cuarenta codos
es la altura que le dan.
En esta poner quería

	a quien la vida te dio.
Asuero	¿Horca a Mardoqueo hacía?
Adamata	Solo porque no adoró su vana soberbia un día.

Asuero	¡Hay tal maldad! Pues, amigos,
	pase por la misma ley;
	haya menos enemigos,
	que iguales tocan al Rey
	los premios y los castigos.
	   Si tuvo ese mal deseo,
	hoy los de Susa verán
	que es de la humildad trofeo
	ocupar la horca Amán
	que esperaba a Mardoqueo.
	   Llevalde y ponelde en ella,
	porque vea mi Ester bella
	cuánto soy agradecido
	al favor que he recibido
	de los hebreos y della.
	   Dejaré en el mundo ejemplo
	de piedad y gratitud.

(Llévenle.)	
Ester	Juntas en ti las contemplo.
Asuero	Por diosa de mi salud quisiera labrarte un templo.
Mardoqueo	Háblale, amada sobrina, sobre lo que determina

	hacer de la sangre nuestra.
Ester	A tu poderosa diestra mi humilde pecho se inclina.
Asuero	¿Quieres otra cosa, Ester?
Ester	Señor, escúchame atento: sabrás, pues que ya es razón, un secreto.
Asuero	¿Qué secreto?
Ester	Cuando vine a tu palacio obediente al mandamiento de mi Rey y mi señor, callé por muchos respetos el decirte que era hebrea, de aquel desdichado pueblo que Nabucodonosor trajo cautivo a tu imperio. Callé mis padres, que ya en cautiverio murieron, y callé también, señor, que es mi tío Mardoqueo, que viendo al soberbio Amán pretender tu lauro y cetro, y por no adorar un hombre tan ambicioso y soberbio, no le quería ofrecer lo que a solo Dios inmenso debe el que conoce que hay pena y gloria, infierno y cielo. Él, airado, condenó,

no solamente su cuello
a la muerte, como has visto,
pero a todos los hebreos.
Cartas están despachadas
con tu soberano sello,
por orden de Amán, que todos
el día décimo tercio
del mes Adar, mueran juntos,
y así los soldados fieros
están aguardando el día
para ejecutar sangrientos
sus muertes, y saquearlos.
Revoca, señor, te ruego,
este decreto cruel,
por ser de las manos hecho
de un hombre tan envidioso,
y por ser tu esposa dellos;
que si no mandas que cese
el riguroso decreto,
la primera seré yo,
el segundo Mardoqueo;
y puesto que soy tu esclava
y que esta muerte merezco,
por no merecerte a ti,
que es delito que te debo,
Mardoqueo está inocente,
y asimismo muchos buenos
que ruegan por tu salud
al gran Dios de los ejércitos.
Duélate, señor, mi llanto,
que aunque soy río pequeño,
van al mar de tu piedad
estas lágrimas que vierto.

Asuero	¡Oh, humilde Ester, cuanto hermosa!
	No me enternezcas el pecho;
	que no hay en el mar que dices
	perlas de tan alto precio.
	Los nácares de tus ojos.
	Más para engendrar se han hecho
	que no lágrimas, estrellas,
	como esferas de tal cielo.
	Bien parece que mi amor
	alumbró mi entendimiento
	para honrar tu noble tío
	con el hacha de su fuego;
	que ensalzarse hasta poner
	de Oriente en su mano el cetro
	sin haberle conocido,
	solo amor supiera hacerlo;
	en todo acierta quien ama,
	y si yo en amarte acierto,
	lo mismo será estimar
	la sangre de tus abuelos.
	Hoy verás lo que mereces:
	dame, Mardoqueo, luego
	tus brazos.
Mardoqueo	Indigno soy.
Asuero	Hoy te da merecimiento
	tu virtud y la de Ester.
	Esta es mi sortija y sello;
	despachad cartas al punto,
	en que revoco el decreto
	que Amán, soberbio, había dado
	contra el santo pueblo hebreo.

Mardoqueo	¡Oh, soberano señor!
	Tus pies en su nombre beso,
	aunque se anticipa el llanto,
	que quiere llegar primero.
	Tu voluntad han oído
	mis amigos y mis deudos,
	y con alegres canciones
	y acordados instrumentos,
	quieren celebrar tu nombre
	y cubrir, señor, el suelo
	adonde pones los pies,
	de oliva, laurel y acebo,
	y de aromáticas flores.
Asuero	Entren; que yo les ofrezco
	la libertad y las vidas;
	entrad, dichosos hebreos.

(Cuantos puedan, con árboles en las manos, echándolos por el suelo con otras flores.)

Músicos y baile	Hoy salva a Israel
	la divina Ester.
	hoy, Ester dichosa,
	figura sagrada
	de otra Ester guardada
	para ser esposa,
	más pura y hermosa,
	de más alto Rey.
	Hoy salva a Israel
	la divina Ester.
Hebreo	Danos tus pies, gran señor,
	y pon de tu nombre el hierro

| | en las almas, que en las caras
ya le tenemos impreso. |
|---|---|
| Asuero | La casa y huertas de Amán,
y sus tesoros, entrego
a Mardoqueo y Ester,
porque demos fin con esto
a la soberbia de Amán
y humildad de Mardoqueo. |

Loado sea el santísimo sacramento
En Madrid, a 6 de abril de 1610 años.
Si quid dictum contra fidem et bonos mores tanquam, non dictum et omnia sub correctione S. M. E.
Lope de Vega Carpio.
Examine la Comedia, Cantares y Entremeses de ella el Secretario, Tomás Gracián de Antisco, de la censura, enmendada 10 mayo.
Esta comedia, intitulada La hermosa Ester, se puede representar, reservando a la vista lo que fuera de la lectura se ofreciere, y lo mismo en los cantares y entremeses. En Madrid a 10 de mayo, 1610.
Tomás Gracián Dantisco.
Podráse representar, y la comedia, cantares y entremeses de ella, guardando la censura. Enmendada a 10 de mayo de 1610.
Represéntese esta comedia de La hermosa Ester, reservando a la vista lo que fuera de la lectura se ofreciere, fecha en Sevilla a 6 de mayo 1612.
Joan de Torres.
Tornéla a ver.

Libros a la carta

A la carta es un servicio especializado para
empresas,
librerías,
bibliotecas,
editoriales
y centros de enseñanza;
y permite confeccionar libros que, por su formato y concepción, sirven a los propósitos más específicos de estas instituciones.

Las empresas nos encargan ediciones personalizadas para marketing editorial o para regalos institucionales. Y los interesados solicitan, a título personal, ediciones antiguas, o no disponibles en el mercado; y las acompañan con notas y comentarios críticos.

Las ediciones tienen como apoyo un libro de estilo con todo tipo de referencias sobre los criterios de tratamiento tipográfico aplicados a nuestros libros que puede ser consultado en Linkgua-ediciones.com.

Linkgua edita por encargo diferentes versiones de una misma obra con distintos tratamientos ortotipográficos (actualizaciones de carácter divulgativo de un clásico, o versiones estrictamente fieles a la edición original de referencia). Este servicio de ediciones a la carta le permitirá, si usted se dedica a la enseñanza, tener una forma de hacer pública su interpretación de un texto y, sobre una versión digitalizada «base», usted podrá introducir interpretaciones del texto fuente. Es un tópico que los profesores denuncien en clase los desmanes de una edición, o vayan comentando errores de interpretación de un texto y esta es una solución útil a esa necesidad del mundo académico.

Asimismo publicamos de manera sistemática, en un mismo catálogo, tesis doctorales y actas de congresos académicos, que son distribuidas a través de nuestra Web.

El servicio de «libros a la carta» funciona de dos formas.

1. Tenemos un fondo de libros digitalizados que usted puede personalizar en tiradas de al menos cinco ejemplares. Estas personalizaciones pueden ser de todo tipo: añadir notas de clase para uso de un grupo de estudiantes, introducir logos corporativos para uso con fines de marketing empresarial, etc. etc.

2. Buscamos libros descatalogados de otras editoriales y los reeditamos en tiradas cortas a petición de un cliente.

www.ingramcontent.com/pod-product-compliance
Lightning Source LLC
LaVergne TN
LVHW041259080426
835510LV00009B/802